Peace Studies

科学技術の暴力

Violence in Science and Technology

日本平和学会編

早稲田大学出版部

**Violence in Science and Technology,
Peace Studies Vol. 48**

The Peace Studies Association of Japan
email: office@psaj.org
http://www.psaj.org/

First published in 2018 by
Waseda University Press Co., Ltd.
1-9-12 Nishiwaseda
Shinjuku-ku, Tokyo 169-0051
www.waseda-up.co.jp

© 2018 by The Peace Studies Association of Japan

All rights reserved. Except for short extracts used for academic purposes or book reviews, no part of this publication may be reproduced, stored in a retrieval system, or transmitted in any form whatsoever—electronic, mechanical, photocopying, or otherwise—without the prior and written permission of the publisher.

ISBN 978-4-657-18004-9
Printed in Japan

巻　頭　言

科学技術を暴力と平和の視点から考えるために

　17世紀の科学革命，18世紀の産業革命を経た近現代の社会は「科学技術文明」と呼ばれる。人類が類人猿との共通祖先から分岐して以来約700万年，そして現生人類ホモ・サピエンスの登場から約20万年になる。長い歴史において人類は数十万年前から火をあやつるようになり，数百年前から石炭・石油の大量消費によって「便利な生活」を享受するようになった。しかしこれらは，動植物の生活と同じ化学反応の世界を洗練させたものにすぎない。ところが20世紀に入り「核技術」を人類は生み出し状況は一変する。地球上にまだ微生物しかいなかった約20億年前に存在した「天然原子炉」を巨大化し人工的に再現した核分裂技術と，太陽の原理の模倣ではあるが，地上においては原爆による起爆を必要とし民事利用の道は果てしなく遠い核融合技術により，人間は「宇宙の秘密」を手にするに至った（戸田［2017］，更科［2016］）。1グラムの物質の化学反応によって放出されるエネルギーに比べると，1グラムの物質の核反応によって放出されるエネルギーは，数十万倍，数百万倍になる。広島・長崎ではそれぞれ1発の原爆によって10万人前後の人びとが殺害された。長崎では一説によると「最初の3秒で3万人」である（映画『スネーク・ダンス』2012年）。

　戦争に用いられる科学技術の暴力性は核技術にとどまらない。後遺症の点においては核兵器とは異なるとはいえ，東京大空襲では数百機の爆撃機と数十発の爆弾によって10万人前後の人びとが殺害された。無差別爆撃は，当時の国際法である1907年ハーグ陸戦規則，1925年ジュネーブ毒ガス議定書，1922年空戦規則案に定める「軍事目標主義」「不必要な苦痛の禁

i

止」（戸田［2009］p. 146）に反する戦争犯罪であったが，枢軸国が始めて，連合国がエスカレートさせた（前田［2006］）。第一次世界大戦では双方が毒ガスを用いた。第二次世界大戦では米国のみが核兵器を，日本のみが毒ガスと生物兵器を用いた。ナチスドイツは毒ガス戦ではなく，毒ガス等でユダヤ人等を虐殺した。

　戦争とは別に，科学技術による大気汚染といった産業公害や，大量消費と大量廃棄による生活公害は環境を劣化させ健康被害は拡大された。また有害な煙草商品は市場競争により広く販売され，クルマ社会，銃社会では，直接的暴力の手段が提供されることで，毎年万単位の死者をもたらしている（田中［2017］ほか）。しかし死傷者をもたらすことだけが問題ではない。超電導磁気浮上方式を用いるリニア中央新幹線は，安全性，必要性，採算性，さらに南アルプスの自然破壊，水枯れ，残土置き場といった環境影響などの検証が不十分なまま，JR東海の9兆円に加えて3兆円の国費を投入する方向に進められつつある（樫田［2017］）。そのなかでゼネコンの談合も発覚した。

　現代文明が将来世代に及ぼす影響も懸念される。「直ちに危険とは言えない」高レベル放射性廃棄物について，日本の原子力規制委員会は，2016年8月31日に「今後300-400年は電力会社の責任，10万年は国の責任である」と述べた。「10万年」というのは，「オンカロ」と呼ばれる世界で唯一高レベル放射性廃棄物の最終処分場を建設中のフィンランドにならった数字である。400年後の東京電力や関西電力はどのような事業を展開しているのだろうか。10万年後の日本政府はどのような統治を行っているのか。数万年後の次の氷河期をどのように乗り越えるのか。遠い将来に科学技術が退歩する危険はないのか。考古学の有力な学説では，戦争の始まりでもある文明の始まりは約8000年前と言われる（金関・春成編［2005］）。日本列島最古の国家のひとつである邪馬台国は，1800年ほど前だと言われる。私たちは10万年後の社会を想像するすべを持たない。なおドイツや米国の法律は「10万年」ではなく「100万年の責任」を規定している。

表1　核技術，科学技術，生物技術における直接的，構造的，文化的暴力

	直接的暴力	構造的暴力	文化的暴力
核技術	核攻撃，劣化ウラン弾攻撃	核実験，原発運転（特に地震国で），原発事故の健康影響，将来世代への負担など	核抑止論，核兵器禁止条約反対論，原発安全神話，原発必要神話，原発低コスト神話など
化学技術	戦争やテロに使われる化学兵器	人間への健康影響，生態系破壊，規制緩和（ネオニコチノイドでは欧米が規制強化するなかで日本は規制緩和）	害虫に効くが人間・哺乳類には無害という虚偽の宣伝など
生物技術	遺伝子組み換え技術の生物兵器に悪用の可能性	人間への健康影響，生態系破壊，自由貿易体制などに伴う規制緩和	環境にやさしい，収穫量が増える（飢餓問題を解決する）などの言説

　戦争と平和，暴力と平和を研究する平和学は，現代科学技術の功罪を深く考察し，人類文明への指針を示唆することを，大きな使命のひとつとしているように思われる。

　ヨハン・ガルトゥングの暴力概念を用いるならば，核技術，化学技術，生物技術それぞれに，表1のような暴力の事例が思い浮かぶ。

　安倍政権は，2015年に強行採決した安保関連法と関連させて，軍事研究と武器輸出の解禁をすすめつつある。科学技術文明の功罪を考察するうえで，化学技術（地球上になかった化学物質の人為的創出など），生物技術（遺伝子に及ぶ生命の操作など），核技術（人為的な核分裂と核融合など）は重要な検討課題であろう。今回の科学技術特集では，この3分野に軍事研究の解禁問題をあわせて，4本の依頼論文を掲載することになった。

　第1章の藤岡論文はミサイル防衛問題を中心に，軍学共同について論じている。いま日本の大学や公的研究機関の場で，自衛目的であれば，軍事研究を解禁すべきだという主張が台頭している。こうした主張に対し藤岡は，①現下の戦争システム（宇宙の軍事化，ネットワーク中心型，核作戦と通常作戦との間の壁の引き下げなどが特徴）における「防衛」の位置付け，②アフガニスタン，イラクでの新型戦争失敗の理由，③日本のミサイル防

巻頭言　　iii

衛がもたらす影響，④東アジア，とくに朝鮮半島の核・ミサイル危機を平和的に解決するための要件を検討する。そして日本を取り巻く安全保障環境を科学技術の視点から解き明かすことで，軍学共同を考える視座を提供する。そのうえでミサイル防衛にかわる政策として，戦争の実相を直視したうえで，朝鮮戦争の終結，宇宙の軍事化の禁止といった具体的な提案をしている。政府は北朝鮮の脅威をあおって「国難突破解散」に走ったが，1953年の休戦協定のみで朝鮮戦争が終結していないことの異常さ（武藤［2016］；五味［2017］）は，かつての日本と比べれば明らかだ。1951年の講和条約は日米安保条約・沖縄切り捨てと抱き合わせの片面講和という欠陥の多いものであったとはいえ，もし休戦協定（1945年の降伏調印）のみで講和条約がなかったならば，いまの「経済大国」日本はありえただろうか。

　第2章の戸田・天笠論文は，遺伝子組み換え作物を中心に，生物技術の暴力について論じている。まずは防衛目的の生物兵器研究や生物兵器禁止条約の実効性，生物兵器テロの可能性といった直接的暴力について論じ，次に除草剤耐性作物の認可に伴う農薬残留基準の緩和，モンサントなどに提訴された米加の農民の苦境，インドにおける遺伝子組み換え綿と自殺の増加などの構造的暴力の事例を紹介している。さらにGM家畜・魚の安全神話や必要神話といった文化的暴力を指摘し，ゲノム編集の安全性や農薬汚染との複合影響，また種子のネオニコ消毒を受容すべきか否かといった今後の検討課題を挙げている。

　第3章の嘉指論文は，「原水爆の陰に隠れて見えにくい核の軍事利用」である劣化ウラン弾の事例を中心に，放射線リスクをめぐる生-政治の実態と矛盾を論じている。マイケル・サンデルのベストセラーがイラクやアフガニスタンにおける戦争を論じるとき，戦争そのものの道義的性格が問われることなく，受苦する側の現実に十分な注意が向けられていないこと（かつての戦争で言えば「きのこ雲の下」に想像力が届かない）が指摘される。さらにウルリッヒ・ベックのリスク社会論を参照しつつ，富の分配を主要問題とする「第一の近代」から，グローバル・リスクによって特徴づけら

れる「第二の近代」（リスク社会）への移行が，これまでの富の平等な分配の正義に加え，「生命的身体の安全」という新たな正義概念を要請することが述べられ，それにもかかわらずサンデルはこの新たな正義概念にも十分な注意を向けていないことが指摘される。そしてミッシェル・フーコーの「生-政治」概念を参照しながら，「生命的身体の安全」を著しく脅かす劣化ウラン弾をめぐる生ー政治の実態と矛盾を描写し，「不必要な放射線被曝なしに生きる権利」という新たな人権概念の必要性を論じる。

　第４章の田坂論文は，農薬問題を中心に，化学技術と構造的暴力について論じている。まずは田坂自身の化学兵器「サリン」との出会いの紹介からはじまり，有機リン系農薬の内分泌かく乱物質としての胎児への悪影響や子供の脳の発達阻害，さらにネオニコチノイドがもたらした三つの禍が，農薬の構造的暴力として提示される。そして最後に，農薬による「構造的暴力」からの脱却に取り組むブータンなどの事例が紹介される。化学者であるとともに，キリスト者としてアジアの民衆との連帯をすすめる市民運動に尽力してきた著者ならではの論考である。

　有機塩素系やネオニコチノイド系をはじめとする農薬は，人間・動物の健康や自然生態系に大きな影響を与える。ところで煙草は最大の公害で世界の死者は WHO 推定によると年間数百万人に及ぶが，煙草の販売を禁止しているのは，独自の個性で尊敬を集める小国ブータンと，悪名高い「イスラム国」だけとも言われる。「禁欲主義者ヒトラー（菜食・禁酒・禁煙）」というナチスドイツのプロパガンダのなかで，最初の２つは嘘であり，禁煙だけが事実だったことを想起させる（Patterson [2002]）。上記のネオニコチノイドは，煙草の成分であるニコチンの毒性を強めたものである。そのほかにも人類は自然界に存在しなかった化学物質を何万種類も作り出し，その健康影響や環境影響の多くは未解明である。遺伝子組み換え作物をはじめとする生物技術も，人間・動物の健康や自然生態系に大きな影響を与えつつある。化学技術と生物技術の交錯もある。米軍のベトナム枯葉剤の中心は除草剤２，４，５－Ｔと２，４－Ｄであった。農薬の軍事

利用である。2，4，5－Tは世界的にほぼ禁止されているが，2，4－Dはまだ少なからぬ国で農薬として使われている。ダウ・ケミカル社が申請して日本の厚生労働省が承認した「除草剤アリルオキシアルカノエート系耐性ダイズ」とはまさに「除草剤2，4－D耐性ダイズ」のことであり，「ベトナム枯葉作戦の亡霊」がここに生きている。「2，4－D」と言うと多くの人に正体がわかってしまうが，「アリルオキシアルカノエート」と言うとわかる人が少ないと思われる。難解な用語の使用も文化的暴力であろう。「2，4－D耐性作物」は第2章でも言及されている。

本号の投稿論文は4本であるが，このうち第5章は科学技術特集とも連動する内容であり，他の3本は，日本の入管制度，在日米軍の性犯罪への司法対応，「新しい戦争」における撤退戦略と，それぞれが現代社会における平和への喫緊の課題を扱っている。

第5章の小野論文は，ドイツの「エコロジー的近代化」論を考察するものである。政治的言説としてのエコロジー的近代化を，ネオマルクス主義，ラディカル（ディープ）エコロジー，新マルサス主義などの議論と対比させ，資本主義や，経済成長を前提としたライフスタイルといった既存秩序を存続させる，官僚主義的でプラグマティックな技術的対応として機能していると論じている。またノルウェー，アメリカ合衆国，英国，ドイツのなかでドイツのみがエコロジー的近代化に向かったこととの関連で，排除的国家に対する社会運動側の反応のひとつとして民間シンクタンクが設立されたことを指摘し，国家に取り込まれる緊張をはらみながらも市場ベースの環境政策に先鞭をつけ，比較的容易に批判的活動を行うことができたと述べている。反原発運動が1998年以降は社会民主党と緑の党による連邦政府（赤緑連立）を，2011年以降は保守主義政権を味方につけたことにも言及する。

第6章の柏崎論文は，戦後日本の入国管理政策における在留特別許可の歴史的展開を解明する。世界で難民危機が叫ばれ，日本の難民受入数の少なさは度々非難の的となっているが，日本政府は入管制度における在留特

別許可を，非正規滞在者の正規化と，難民審査の不認定者に在留資格を認める救済措置であるとし，その人道的側面を強調してきた。しかし柏崎は，その運用が国家的見地を含んだ不明瞭な判断基準によって，非正規滞在者（移住者であれ難民申請者であれ）を追放する法的手続の一環となっていると指摘する。そして在留特別許可制度がいかに歴史的に構築されたかを説得力をもって論述し，現状の入管制度の問題の一端を明らかにしていく。

第7章の本山論文は，まず2000年代以降の在日米軍関係者による性犯罪の状況を把握することを試み，米軍犯罪の不処罰と日本の刑法性犯罪に関する議論を概観したうえで，日本の司法当局による性暴力事件への対応について，不処罰がいかに正当化されるのかに焦点を当てながら検討するものである。日本の刑法においても性犯罪規定の大幅な見直しが行われたばかりであり，本論文はジェンダーの視点から日米安保体制を問うものである。

そして最終章となる第8章の中村論文は，冷戦終結後の「新しい戦争」の一類型である対テロ先制自衛型の武力行使に分析の焦点を当て，その「武力を用いた平和活動（armed peace operation）」の撤退決定の困難性を「出口戦略のディレンマ」という新たな概念により説明している。結論として，平和の多義性，介入目的の多義性が，目的達成判断基準の複数性という形で撤退正当化を困難にすると論じ，介入政府の非合理性にではなく，構造的問題に着目することにより，介入へのより一層の慎重な検討を促し，介入の敷居を高くする方向性が示される。

本書にはまた，日本平和学会理事で，核兵器廃絶国際キャンペーン（ICAN）国際運営委員であり，NGO「ピースボート」共同代表の川崎哲会員が，2017年11月26日秋季研究集会にて行ったノーベル平和賞受賞記念スピーチ「核兵器禁止条約と市民運動の課題」を収録している。決意と熱意をもって忍耐強く継続された川崎会員の活動が，核兵器禁止条約成立という画期的な出来事として結実した直後の記念すべきスピーチである。多くの会員の研究教育をさらに鼓舞するものとなることを願う。

2018年1月12日

戸田清［長崎大学＝環境社会学，科学史］

湯浅正恵［広島市立大学＝国際社会論，社会学］

参 考 文 献

樫田秀樹［2017］『リニア新幹線が不可能な 7 つの理由』岩波書店。

金関 恕，春成 秀爾編［2005］『戦争の考古学（佐原真の仕事 4）』岩波書店。

五味洋治［2017］『朝鮮戦争は，なぜ終わらないのか』創元社

更科功［2016］『宇宙からいかにヒトは生まれたか』新潮社。

田中誠士［2017］「公害で死亡 年900万人」『朝日新聞』12月 7 日25面科学欄

戸田清［2009］『環境正義と平和』法律文化社。

戸田清［2017］『核発電の便利神話』長崎文献社。

前田哲男［2006］『戦略爆撃の思想——ゲルニカ・重慶・広島』新訂版 凱風社。

武藤一羊［2016］『戦後レジームと憲法平和主義』れんが書房新社。

Patterson, Charles［2002］*Eternal Treblinka: Our Treatment of Animals and the Holocaust*, Lantern Books（戸田清訳［2007］『永遠の絶滅収容所——動物虐待とホロコースト』緑風出版）.

目　次

巻　頭　言

科学技術を暴力と平和の視点から考えるために

……………………………………………… 戸田　清／湯浅正恵　　i

● 依 頼 論 文

1　「ミサイル防衛」の幻想と危険

　　「核と宇宙の時代」の軍学共同への疑問 …………………… 藤岡　惇　　1

2　バイオ技術と環境・健康・企業支配

　　………………………………………… 戸田　清／天笠啓祐　　25

3　非人道的兵器としての劣化ウラン弾

　　戦争と放射線被曝をめぐる生-政治 ………………………… 嘉指信雄　　49

4　飢えのない平和な世界の構築を目指して

　　化学者の立場から見た構造的暴力としての農薬問題を中心に

　　……………………………………………… 田坂興亜　　69

● 投 稿 論 文

5　技術はエコロジー危機を克服するか

　　理論としての「エコロジー的近代化」をめぐる考察 ……… 小野　一　　89

6　難民条約締結前における日本の入国管理政策と在留特別許可

　　…………………………………………………… 柏崎正憲　　109

7　正当化される不処罰

　　2000年以降の在日米軍性暴力に対する日本の司法処理 …… 本山央子　　127

8　出口戦略のディレンマ

　　構築すべき平和の多様性がもたらす難題 ………………… 中村長史　　149

ix

● ノーベル平和賞受賞記念スピーチ

核兵器禁止条約と市民運動の課題 ……………………………… 川崎 哲　167

日本平和学会の研究会活動……………… 日本平和学会事務局　175

SUMMARY ……………………………………………………………… 190

編 集 後 記 ………………………………………… 戸田 清／湯浅正恵　198

日本平和学会設立趣意書

日本平和学会第22期役員

日本平和学会会則

● 依頼論文

1 「ミサイル防衛」の幻想と危険

「核と宇宙の時代」の軍学共同への疑問

藤 岡 惇

> 「核の時代は，すべてを変えてしまったが，人々の考
> え方だけは昔のままだ。ここに最大の危険がある」（ア
> ルバート・アインシュタイン）。

は じ め に──「ミサイル防衛」のためなら軍学共同は認めるべきか

　ソ連崩壊後に北朝鮮の発してきた朝鮮戦争終結の呼びかけを米国は一貫
して拒否してきた。北朝鮮は，米国の奇襲攻撃による体制崩壊を懸念して，
核ミサイルの開発に走った。北が完成させた「核戦力」を放棄するよう，
米国は日本とともに軍事圧力をかけた。その結果，核交戦につながりかね
ない一触即発の危機に，東アジアは直面している。

　現下の核ミサイル危機をどう解決したらよいのか。日本の現政権は，次
のように説く。陸上イージスをはじめとしたミサイル防衛網を築き，軍事
的圧力を最大限にまで高めていくべきだ。北朝鮮に核開発を断念させ，日
本と世界の平和を守っていくにはこの方策しかないと。

　これに対して，次のように反論する者がいる。この道は人類共滅に通じ
る。むしろ外交交渉で，朝鮮戦争の終結＝平和協定の締結に全力を傾ける

べきだ。相互不信が解消していけば，北朝鮮の核ミサイル放棄，東北アジアの非核地帯の創設につながっていくはずだと。

　わが国では，前者の声の方が大きい。このような時代背景のもと，わが国の大学や公的研究機関の場では，自衛目的であれば，軍事研究を解禁すべきだという主張が台頭している。すなわち「東アジアの厳しい安全保障環境のもとでは，日米軍事同盟を強化し，精強な軍事力を保有することが平和を維持するうえで不可欠となった。純粋に防衛のための軍事研究や自衛型兵器の開発に協力する程度であれば，認めて良いのではないか」——このように説く日本学術会議の前会長大西隆（豊橋技術科学大学長）の見解が，その典型だと言ってよい[2]。

　とくに「ミサイル防衛」（Missile Defense; 以下 MD と略す）というのは，敵ミサイルの襲来から「日本国民の命と財産を防衛」すると宣伝されている。これが正しいとなれば，「MD のための軍学共同であればやむを得ない」ということになる。

　本稿では，以下の五つの問いに答えていきたい。すなわち

①現下の戦争システムのなかで，「防衛」はどのように位置づけられているのか。

②2001年秋以来，ジョージ・W・ブッシュ政権のもとで，新型戦争がアフガン・イラクの地で始まった。しかしこの戦争は17年目に入っても終結せず，悲劇的な失敗に終わりつつある。それはなぜか。

③そもそも MD とは何か。日本が MD に深入りしたばあい，平和の維持に役立つのか。それとも情勢をいっそう不安定にし，核戦争を招く恐れが大きいのか。

④核ミサイルを迎撃し，撃墜することは可能なのか。陸上イージス基地から発射される迎撃ミサイルを使えば，北朝鮮の打ち上げる核ミサイルを撃墜できるのか。

⑤東アジア，とくに朝鮮半島の核・ミサイル危機を平和的に解決するためには，何が必要か。

1 「核と宇宙の時代」に生きる——17年間の「半宇宙戦争」の遺産の上に

> 「空・陸・海などあらゆる領域は抗争の舞台となってきた。宇宙も例外ではないことを現実は示している。それゆえ宇宙内での敵対行動，宇宙からの敵対行動を抑止し，わが宇宙アセットを防衛する手立てを開発しておくことが絶対に必要となる」（ラムズフェルド宇宙委員会「報告書」2001年1月[3]）。

1 米国の新型戦争システム——宇宙ベースのネットワーク中心型戦争

ソ連圏の崩壊後，世界に君臨する唯一の覇者となった米国は，情報ネットワーク技術，宇宙技術，精密誘導技術をブレンドすることで，新型戦争のしくみを開発し，米国の軍事覇権を強固なものにしようとした。

まず米国および同盟国の戦力，地球上に散開する基地群は，軍事専用の通信網で結ばれ，ネットワーク状に連結された。地球上に展開する戦力を垂直方向から観察すると，米国戦略軍宇宙コマンドの指揮と管理のもと，地上から数百 km の近距離軌道，2 万 km の測地（GPS）衛星軌道，3.6万 km の静止衛星軌道を，2006年時点で137基の軍事・諜報衛星が編隊を組んで周回していた[4]。

戦争システムを束ねる神経系統は天空に移され，衛星を介して統合作戦を指揮するようになった。軍事衛星編隊は，地球上で米軍が展開している数百の基地の上に君臨し，これらを連結し，統合する「基地の基地」，「基地の王様」となったわけだ。2000年代の米国の新型戦争のしくみを「ネットワーク中心型戦争」と呼ぶ人が多いが[5]，宇宙衛星群を結節点とし，宇宙規模でネットワークが統合されたことを考えると，「宇宙をベース（基地・拠点）とするネットワーク中心型戦争」と呼ぶほうが正確であろう[6]。

1 「ミサイル防衛」の幻想と危険　　3

冷戦後の世界では，多国籍企業の「グローバル・バリュー・チェーン」が築かれ，経済のグローバル化の新しい段階が始まったが，その用心棒の役割を果たすべく，天空に「プラネッタリ・ミリタリー・チェーン」が築かれた。経済のグローバル化（地球化）と符節をあわせて，軍事力の面では一段と高次元のプラネット化（惑星化）が推進されたと言ってよい。

2 核作戦態勢の３本柱の再定義・拡張

冷戦時代に形づくられた米国の「核作戦態勢（NPR）」は，「冷戦勝利後」の現実にあわせて何度か「見直され」てきたが，９月11日事件直後にブッシュ政権によって開始された「見直し」がもっとも大胆なものであった。

この年の「見直し」のなかで，2002年１月に旧来の「核作戦態勢の３本柱」——①大陸間弾道ミサイル，②潜水艦搭載の核ミサイル，③戦略爆撃機は，「新しい３本柱」——①核および非核の攻撃能力，②防衛，③迅速な対応能力をもったインフラストラクチャー，に改訂された。①攻撃力，②防衛力，③即応性に富む基盤力が，核作戦を支える「新しい３本柱」（New Triad）として再定義されたわけだ（図１参照）。

旧来の核作戦の３本柱は，否定されたのではなく，そのまま維持された。旧来の３本柱は，核攻撃能力という第一の柱の内部に組み込まれ，格下げされたのだ。それとともに攻撃能力を構成するミサイル・砲弾・地雷の多くは，核弾頭でも通常型弾頭でも取り付けることができるようにされた。弾頭部分を取り換えると，核兵器は簡単に通常兵器に転換できるし，通常兵器は核兵器に転換できるように改められた。

そのうえで第二の柱と第三の柱が新設された。核戦争でも通常戦争でも戦える攻撃能力と，そのような戦争を推進するためのインフラストラクチャーとを敵のミサイル攻撃やサイバー攻撃から防衛する部門が「第二の柱」として位置づけられ，優先度を高めた。米軍が先制攻撃を始めても，敵ミサイルの応射・反撃などから米国の戦争システムを守りぬくことで，

4

図1 核作戦態勢の3本柱の変容

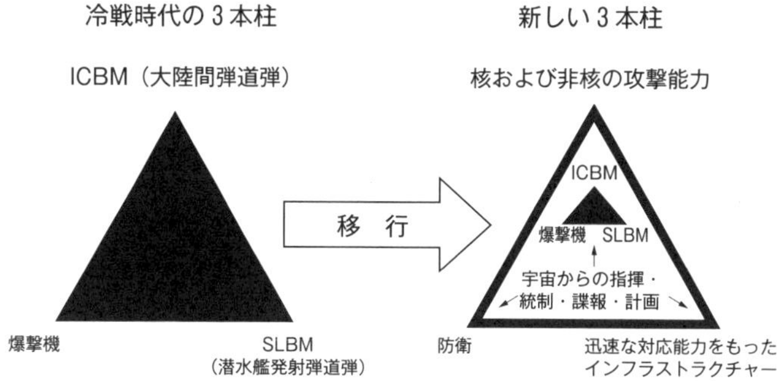

冷戦時代の3本柱　　　　　　　　新しい3本柱

ICBM（大陸間弾道弾）　　　　　核および非核の攻撃能力

移　行

ICBM
爆撃機　SLBM
宇宙からの指揮・
統制・諜報・計画

爆撃機　　　　　SLBM　　　　　防衛　　　　迅速な対応能力をもった
　　　　　（潜水艦発射弾道弾）　　　　　　インフラストラクチャー

（出所）『核兵器・核実験モニター』156号，2002年2月。

ひとり勝ちできる態勢づくりが目指された。

　「迅速な対応能力をもったインフラストラクチャー」の維持・強化を「第三の柱」として重視する姿勢も明確にされた。GPS衛星，偵察衛星や開発・補修部門の支援なしには，核および非核の攻撃能力もミサイル防衛能力も十全には機能できないし，GPS衛星編隊が損傷を受け，機能を停止しても，即時に代替衛星を打ち上げるなど，継戦能力を確保し，「迅速な対応能力」に富む基盤を整えておかないと，核（および非核の）戦争をシームレスに戦い，勝利することが難しい時代となった。そこでこのようなインフラ基盤の整備・構築が第三の柱とされたわけである。

　これら新しい3本柱は，指揮・統制・諜報・計画といった「戦争の神経系」によって連結され，統合されることとなった。これら「戦争の神経系」の拠点が，天空に移されたのは言うまでもない。核戦争であれ，通常型戦争であれ，このような新しい3本柱を戦争の筋骨体系とするかたちで新型戦争は戦われるだろう。他方宇宙衛星編隊が，「天空の基地」として戦争の神経系統の役割を果たす。新しい3本柱の構図が，「宇宙ベースのネットワーク中心型戦争」の実体を鮮やかに示している[7]。

　要するに核作戦と通常作戦との間の壁が引き下げられるとともに，作戦態勢の範囲が水平的にも（防衛部門とインフラ部門を含む方向に），垂直的

1 「ミサイル防衛」の幻想と危険　5

にも（地表から宇宙へと）大きく広げられたわけだ[8]。戦力の新しい3本柱を統括する任務を米国戦略軍が果たしている。ネブラスカ州オマハに司令部を置く戦略軍のもと、核攻撃部門（「グローバル・ストライク＝地球規模の直撃」部隊を含む[9]）、防衛部門（サイバー・ミサイル防衛）、宇宙コマンド部門などが属している。これらの部門コマンドが、陸海空軍に属する群小コマンドを統合し、指揮している。

3 「本格的な宇宙戦争」の前段階

米兵の犠牲を減らそうと、2005年前後から多数のドローン（無人飛行体）が投入され始めると、宇宙衛星を「ベース」として、宇宙から地上に戦争をしかけるという色彩が濃くなった。

とはいえイラク・アフガニスタンで米軍は「本格的な宇宙戦争」を展開してきたと言うならば、それは過言であろう。あえて特徴づけると、「半宇宙戦争」段階の戦争を行ってきたとみるべきではないか。なぜか。衛星と戦場の間で交わされているのは、「情報」であり、未だ「殺傷兵器」ではないからだ。ミサイルを発射しているのは、衛星ではなく、衛星の指示のもとで低空飛行する無人飛行体（ドローン）だからだ。地表から宇宙衛星に向けてミサイルやビーム兵器が発射されるようになり、対抗して衛星の側も武装し、地表の敵や敵衛星に向けて応射するようになったときに、本格的な「宇宙戦争」の段階に入ったと見るべきであろう[10]。

4 新型戦争システムが招いた惨憺たる世界

米国は2001年10月にアフガニスタン戦争、2003年3月にイラク戦争を始めた。当初の計画では「無敵の新型戦争」システムのおかげで短期に圧勝できるし、サダム・フセインを倒しさえすれば、「圧政からの解放者」としてイラク民衆に歓迎されるはずであった。

第二次世界大戦後に米軍が日本を軍事占領した折には、占領軍が日本で被ったテロ事件は皆無に等しかった。イラクやアフガニスタンでも、占領

時代の日本が再現できるのではという期待のもとで，米国はサダム・フセインを倒すことに成功した。しかし彼を殺しても，新たに無数のサダムが生まれただけで，イラク社会は解体していった。米国は「地獄の門」を開けてしまったのだ。

　500億ドル程度の戦費で勝負がつき，中東の石油資源を再び掌握できるので，経済的にもペイするはずだと予想し，ブッシュ政権は開戦したのだが，現実は期待を大きく裏切ることとなった。米兵の人的被害を抑えるために，高価なドローンを含む最新の兵器が投入されると，戦費の増大には拍車がかかった。米国ブラウン大学ワトソン研究所の試算によると，同時多発テロ以来，2016年までの12年間に米国が反テロ地球戦争に費やしたコストは約 5 兆ドルに達するという[11]。しかし米国が獲得した政治的な便益は小さなものだった。じっさいイラクの地にはイランに操縦されたシーア派政権をすえざるをえず，イラン・イラク・シリアをつなぐシーア派枢軸の登場をもたらした。シーア派の伸長を抑えようと，米軍がシリアのアサド政権の転覆に動くと，これに乗じてスンニ派原理主義の「イスラム国」の台頭を招いてしまった[12]。

　経済的な便益も期待を大きく下回った。イラクの政権はイラン影響下のシーア派に牛耳られているので，米国の思惑どおりにことは運ばなかった。イラクの有力油田の採掘利権の獲得企業を見ると，25.3%は英国・オランダ系，21.0%は中国系，8.4%はロシア系，7.6%をマレーシア系が占め，米国企業は20.2%と後塵を拝する結果となった[13]。新型戦争システムのパワーを実証すべく，莫大な戦費と人的資源を投入したのだが，米国はイラクの石油資源さえ確保できず，中国・欧州・イランに漁夫の利をさらわれてしまった。この失態を招いた民主党政権の弱腰外交をドナルド・トランプは激しく非難し，中国・イランの封じ込めを公約して大統領に当選したのである[14]。

2 「ミサイル防衛」が招く危険な世界

> 「宇宙科学それ自身には　良心というものがありません。核の科学や技術についても，同じことが言えるのですが，良き目的のために役立てるのか，邪悪な目的のために利用するのかは人に委ねられています。……私たちが船出しようとしているこの宇宙が平和の海となるのか，恐ろしい戦争の海となるのかは，私たちの決断にかかっているのです」（ジョン・F.ケネディ大統領，1962年9月12日，テキサス州のライス大学での講演から[15]）。

1 MDは米国の先制攻撃を促進する

過去に外国勢力が米国本土を先制攻撃（侵略）したことから始まった戦争は，ほとんど例がない。唯一の例外が，1941年12月に日本軍が真珠湾を先制攻撃したこと，2001年9月11日に非国家組織のアルカイダが米国本土にテロ攻撃を加えた事件にとどまる。それ以外の戦争は，米国による先制攻撃のかたちで始まっている。

2003年3月のイラク，2011年2月のリビア，2017年4月のシリアへの米軍（および同盟国軍）の先制攻撃の先例を見れば，今後の戦争も，北朝鮮・中国などへの米軍の先制攻撃から始まる可能性が高いと予想せざるをえない。

そのばあい，北朝鮮や中国は残存ミサイルを応射し，反撃してくるだろう。MDとは，応射ミサイルを撃墜し，米国の新型戦争システムを守り，米軍を完勝に導こうとするものであり，日本国民の命と暮らしを守るものではない。純粋な防衛のための防衛（「専守防衛」）を実行しようとすれば，日米軍事同盟から離脱する必要があるが，そのような覚悟が日本人にない以上，MDには，先制攻撃を促進し，戦争を引き寄せる可能性が大きいと

判断せざるをえない。

2 「矛」＝攻撃力の軍拡を促進する

　米国の核抑止力を背後にもち，精強な軍事力を整えていき，ミサイル防衛の壁を着実に築き上げていくといった軍事的な圧力を強化していけば，北朝鮮などの「潜在的敵国」は，軍事的対抗を諦め，おとなしくするだろうし，MDのパワーで，敵国の攻撃力を弱め，抑え込むことができるというのが米国と日本の権力者たちの伝統的な考え方であった。しかしこのような戦略が思惑どおりの効果を発揮せず，敵国の攻撃力の強化を招いたことを，最近の北朝鮮・中国・ロシアの行動が示している。

　ミサイルの発射地点・時点を敵に悟らせないよう，多くの対抗措置が講じられた。潜水艦に搭載し水中から発射する，トレイラーに搭載し自在に移動させる，夜間に発射する。列車に搭載し，鉄道で自在に移動させ，そこから発射するという方式をロシアは考案している，等々。[16]

　また2017年4月末に中国はロシアと協力して，音速の5倍から10倍の超高速で飛び，MD網を貫通できるような滑空飛行体の実験に成功した。[17]

　2017年5月29日に北朝鮮は，新たなミサイル発射実験をした。「精密誘導システム」を導入していたため，このミサイルは中距離を飛行し，「予定目標より7ｍの誤差」で正確に命中したと，翌30日の朝鮮中央通信は発表した。この報道が正確だとすると，北朝鮮は，核弾頭を使わずとも，原発・核施設に致命的な打撃を与える能力を獲得したのであろう。

　17年7月28日の深夜の11時52分に北朝鮮は，火星14号ミサイルを打ち上げた。高く打ち上げて飛距離を抑えるロフテッド軌道で発射されたので，高度は3,725kmに達し，47分12秒間に水平方向に998km飛行し，予定地に着弾したと発表された。通常軌道だと射程は1万kmに及ぶという。[18]

　攻撃力の強化で盾を突破するほうが，はるかに容易で低コストだというのが，過去の核軍拡競争が示した教訓であった。その結果1960年代には"MAD"（戦争になれば確実に共倒れになる相互確証破壊）状態に至ったので

1 「ミサイル防衛」の幻想と危険　　9

あるが，21世紀に入って，同様のプロセスが始動し，再び“MAD”的な状況に立ち至ったわけだ。

盾と矛の均衡が破れ，米国側が伝来の戦略に従い，先制攻撃を敢行し，北朝鮮や中国の持つミサイルの半分が米軍側の先制攻撃で破壊されたとしよう。両国は残る半分のミサイル（核ミサイルを含む）を打ち上げ，米軍の戦争システムの最も弱い「急所」（アキレス腱）に絞って，反撃を試みてくるだろう。浮上してくる「急所」とはどこか。以下の四つだと予想される。

(1)人工衛星・宇宙アセットへの攻撃

ミサイル防衛態勢を築き，地上の司令部や要人の防御を固めていけばいくほど，戦争システムの要でありながら無防備のままの人工衛星編隊を集中的に狙い撃ちする競争が激しくなるだろう。

軍事・諜報衛星群といった宇宙アセットが，第一の標的となるだろう。迎撃ミサイルで敵ミサイルを直撃し，破壊するのは難しいが，軍事衛星は定時に定位置を巡回しているので，はるかに撃墜しやすい。しかも軍事衛星は，接近する敵衛星や敵ミサイルを撃破するための武器を搭載していない。今のところは「裸の王様」なのだ。[19]

今から17年前の2001年1月に発表された「ラムズフェルド宇宙委員会報告書」は，こう警告していた。「諜報衛星や軍事衛星が攻撃されたりすると，わが国の継戦能力は甚大な打撃をこうむるだろう。真珠湾事件……などの歴史が教えているように，防衛が難しい軍事資産をかかえていると，敵の絶好の攻撃目標となるものだ。……米国は『宇宙のパール・ハーバー』に見舞われる格好の候補だ」と。[20]

実際，ロナルド・レーガン政権期の1984年から86年にかけて，米国はF-15戦闘機から迎撃体を発射し，低軌道衛星を直撃させる実験を5回実施し，1985年の実験では実際に人工衛星の破壊に成功した。ソ連も同時期に，地上から迎撃ミサイルを打ち上げ，自国の人工衛星に衝突させ，破壊する実験をしていた。[21]

2007年1月11日，中国軍は弾道ミサイルを内陸部の四川省西昌から，米国のミサイルでは迎撃できない角度で発射し，高度850kmの宇宙空間で自国の気象衛星を撃墜することに成功した。その残骸は650個以上の断片（デブリ）となって，今も地球を周回している。

　対抗して米国の戦略軍司令部は，2008年2月21日にイージス巡洋艦から迎撃ミサイルを発射して，自国の軍事偵察衛星を北太平洋の上空247kmで撃墜した。MDに用いる迎撃ミサイルというのは，それ自体，「敵のミサイルを攻撃し，破壊する攻撃兵器」にほかならないが，ミサイル攻撃に用いるよりも，衛星攻撃兵器に転用したほうが，はるかに効果的だということが改めて明らかになった。

　2013年5月15日に中国が打ち上げたロケットが，高度36,000kmの静止軌道に達した。米国の静止衛星を撃墜する能力を中国が保有したことを懸念して，米国は，2014年中に2基，16年に2基，合計4基の軍事衛星を静止軌道に打ち上げ，静止衛星を防衛する任務にあたらせるという[22]。

　敵の衛星をダウンさせるには，地上ないし航空機からレーザー光線を発射し，衛星に照射して，電子回路などを破壊するという方法もある。この分野では米国・ロシア・中国ともに幾多の訓練を積み重ねており，レーザー光線の出力を高めさえすれば，低高度（1,000km以下）衛星の大半は，ほぼ確実にダウンさせられる段階に入っている。

　「裸の王様」を攻撃するには，ミサイルやレーザー光線といった方法以外にも，認知されにくい超小型の「キラー衛星」を打ち上げる方法，あるいは大型の衛星のなかに多数の小型キラー衛星を隠しておき，有事のときには，キラー衛星を散開させ，敵の衛星に隠密裏に接近させ，破壊していくといった方法もある[23]。2017年2月15日にインドが打ち上げたロケットから104個の衛星が放出された。その大半は重さ6kg余のミニ衛星だった[24]。同年6月23日にはインド宇宙研究機構が別のロケットを打ち上げ，平均8kgのミニ衛星31基を放出した[25]。

　今後もこの勢いでミニ衛星の打ち上げが進めば，地球は数千のミニ衛星

によって取り囲まれるときが来るだろう。そうなるとミニ衛星がキラー衛星に化け、軍事衛星に密かに接近し、自爆攻撃をしかけることも考えられる。

日本の軍事衛星にも米軍の要請を受け、宇宙戦争下でも生き残れるよう「宇宙核戦争仕様」を施す動きが急だ。これに応えるのが2015年の「第3次宇宙基本計画」の目的の一つだった。[26]

(2)宇宙核爆発により衛星機能をマヒさせる

精密誘導技術に難がある北朝鮮や中国のような国にとって、「裸の王様」を確実に頓死させるにはどうすべきか。もっとも確実な方策は、衛星軌道の近くで核爆発を起こすことだ。

1958年と62年に天空で行われた「高高度核爆発」(HANE)について紹介しておこう。米国は、1958年の4月から8月にかけて、太平洋の上空の28-80kmの上空で、3度の核実験を行った。たとえば弾道弾迎撃ミサイルの効果を評価するために実施された「チーク作戦」では、高度77kmで3.8Mtの核爆発が起き、太平洋全域で無線通信が途絶する結果となった。[27]同年8月27日～9月6日には、南アフリカ沖の宇宙空間で米海軍が、ミサイル迎撃用核ミサイルの爆発実験(1.7kt)を3度実施した(アーガス作戦)。

部分核停止条約で大気圏内と宇宙(高度100km以上)での核実験が禁止される直前の1962年になると、米国は宇宙での核爆発の効果を確認するための最後のチャンスとして、ジョンストン島上空の高層で9回の核実験(フィッシュボール作戦)を行った。9回のうち成功したのは3回であったが、とくに7月9日、400km上空で1.4Mtの核爆発を起こしたスターフィッシュ・プライム実験は、本格的な宇宙での核実験であり、注目を集めた。400km上空ではほとんど大気がないため、爆発音も爆風も火災も起こらない。核爆発のエネルギーはもっぱら放射線と熱線、電磁パルスに姿を変えて、光速で周辺に広がり、その影響は数万km先まで届くことがわかった。その結果、水平線上に「赤い人工オーロラ」が発生し、ハワイ諸島全体に停電を引き起こしただけでなく、その後7ヵ月の間に、7基の衛

星が機能を停止した。11月1日に97km上空で410ktの核を爆発させたキング・フィッシュ実験でも，直後に美しいオーロラが現れ，太平洋中部の無線通信が3時間以上途絶した。

また核爆発の後に発生する大量の荷電粒子が，宇宙空間に「高エネルギー粒子の雲」を形成し，地磁気の力を受けて，地球を周回する「強烈な放射線帯」（人工のヴァン・アレン帯）を形成すること，宇宙衛星がこの放射線帯を通過するにつれて，衛星機器が故障することもわかってきた。このような放射線帯は，いったん形成されると，数ヵ月から数年は持続し，宇宙衛星を次々とダウンさせることもわかってきた。[28]

ソ連側も同年に，中央アジアの核実験場の上空60km・150km・300kmの高さで300ktの核爆発実験を計3回行い，米国のばあいと同様，電気通信の途絶・変調を招いた。

以上の歴史的経験からどのような教訓を引き出すべきか。MDに注力すればするほど，核ミサイルを打ち上げても地上の標的を狙わずに，宇宙で爆発させた方が有利となることだ。宇宙の核戦場化を望まないならば，核兵器禁止の議論と同時に，MD・宇宙軍事化の規制・禁止にむけた議論を始める必要がある。

⑶宇宙から核攻撃——地上の電力システムの崩壊

宇宙低層（100－1000km）での核爆発のばあい，天空の衛星編隊の機能をマヒさせるだけでなく，放射線が気体分子と衝突することにより，強力な電磁パルスが発生すること，その結果，地上の電力システムに甚大な影響を与えることがわかってきた。

2016年7月にドナルド・トランプ氏を大統領候補に指名した共和党大会で採択された選挙綱領には，次のような一項が含まれていたという。「一発の核爆弾がわが国のはるか上空で爆発すると，電力供給網と死活的に重要なインフラが崩壊し，何百万もの生命が危険にさらされる。北朝鮮が核弾頭搭載可能なミサイルを持ち，イランも保有に近づいている現状を見れば，電磁パルス攻撃は……現実の脅威である」[29]。

1 「ミサイル防衛」の幻想と危険　13

爆発の時点では死傷者も建物の破壊も発生しないが，電磁パルスによる大電流が送電線に入り込み，変電施設などは次々と焼け落ちた状態となり，スマートフォンやパソコンなどのにも大電流が入り込み，破壊されてしまうという。この問題を扱った2004年の議会報告書によると，復旧までに数年を要し，家庭の電気冷蔵庫は使えず，冷凍食品は腐敗し，衛生確保が困難となることから飢餓と疫病がまん延し，米国などの電力依存度の高い社会では，最悪のばあい，1年後には90％が死亡する可能性があるという。

　核戦争になれば，地球環境に深刻な波及効果が発生する。莫大な量のチリが高層に舞い上がり，地球は厚い雲に覆われるようになり，地球は寒冷化していくという「核の冬」仮説が1980年代に影響力を広げたが，核戦争の影響はそれだけではない。宇宙空間で核爆発が起こると，人工衛星活動のマヒと地上の電力システムのマヒをとおして，社会活動がシャットダウンさせられ，長期的な「核の闇」がもたらされる可能性が高いことが判明してきたわけだ。[30]

(4)原発・核施設への攻撃

　新型戦争システムのアキレス腱として，サイバー空間・宇宙空間をあげてきたが，いま一つの「急所」が，原子力発電所（原発）と核施設のなかの原子炉，および核燃料の冷却・保存プールであろう。とくに米軍が，北朝鮮の核兵器開発拠点に設置された原子炉を攻撃し，破壊したならば，「同規模の反撃を加えても是認されるという同等性の原則」に則って，北朝鮮が，米国とその同盟国の原発・核施設を「報復反撃」してくることは想像に難くない。

　原子炉とは「ゆっくりと爆発する原爆」のことだが，この暴龍を飼いならし，「魔法のランプ」内に閉じ込め，電源として安全利用することは可能だとされてきた。しかしフクシマは，ランプの簡単な壊し方があることを世界中の軍事集団に教えた。どんなに小国，どんなに弱小な軍事集団であれ，自爆テロなどの方法で原発を攻撃する覚悟さえあれば，核爆発（放射性物質の爆発的放出）を生み出す能力を保有できることを示したわけだ。

核大国だけが核爆発力を独占するという時代は過ぎ去り，核爆発能力の画期的な民主化が達成されたというのが，フクシマの送る最大のメッセージであった。

　国内でもっとも攻撃されやすいのは，福島第一の半壊した 1 - 3 号機だろう。三つの原子炉の格納容器を満たしている冷却水が抜けてしまうと，デブリとなった溶融核燃料は発熱し，再溶融し，爆発してしまう。また 1 - 3 号機格納容器上辺の冷却プールにはなお1573本の核燃料体（うち180本は新燃料）が保管・冷却されているし，4 号機西の核燃料貯蔵の共用プールにも6,000本以上の使用済み核燃料棒が冷却貯蔵されている。電源喪失が起こり，冷却機能が失われると，核燃料体は溶融・爆発してしまうだろう[31]。使用済み核燃料体というのは，半減期の長い，いわば汚い放射能が集中的に残存しているところだ[32]。

　第 2 のターゲットは，無防備な海岸沿いに並ぶ54基の原子炉と核燃料貯蔵プール，および使用済み核燃料を再処理・転換する 2 つの施設（茨城県の東海再処理施設，青森県の六ヶ所再処理工場）となるだろう。

　2015年 7 月29日の参議院平和安全特別委員会において山本太郎議員（生活の党）は，つぎのように質した。「では，お聞きします。川内原発で稼働中の原子炉が弾道ミサイルを受けた時，最大でどの程度の放射性物質の放出を想定していらっしゃいますか」。

　原子力規制委員会の田中俊一委員長はこう答弁した。「航空機の衝突は想定しておりますが，弾道ミサイルの場合はまとめておりません。……原発が弾道ミサイルに襲われる……という事態は，そもそも想定しておりません」と。安倍首相も「このような事態は想定していない」とし，このような事態となったら対処できないことを認めざるをえなかった[33]。

　原子炉建屋に中型飛行機が突っ込むレベルのテロに対処する「特定重大事故等対処施設」の2020年秋の完成を約束して，2017年 6 月16日，関西電力高浜原発 4 号機は，3 号機に続いて営業運転を再開した[34]。ミサイルに直撃されたばあい，この程度の施設では原子炉を守ることはできないだろう。

1 「ミサイル防衛」の幻想と危険　15

全ての原子炉・再処理施設を地下深くに移設できれば，ミサイル攻撃のリスクはある程度は小さくなるが，莫大なコストがかかることは間違いない。日本を「宇宙でも戦争ができる国」に変えようとすれば，憲法9条の存続を想定して，原発を安上りに作ってきたことのツケが噴出してくるに相違ない[35]。

目を韓国に転じよう。韓国南部釜山市の古里原発3号機内の使用済み燃料プールには，818t という大量の使用済み核燃料が冷却・保存されている。朝鮮戦争が再開され，軍事攻撃が発生し，プール内の核燃料棒が溶融し，大量の放射能が流出したとしよう。冬の偏西風にあおられて，放射性物質の帯が日本列島の大都市圏に押し寄せるという最悪シナリオでは，2,830万人の日本住民の避難が必要となると専門家は試算している[36]。

宇宙空間での核爆発にせよ，原発への軍事攻撃にせよ，電子機器，都市機能，戦争システムこそダウンするものの，人体への悪影響は「直ちには現れてこない」と予想される。人的被害が見えない段階で，報復核攻撃を命ずるべきかどうか，核大国の首脳は苦悩せざるをえないだろう[37]。

3　陸上イージスは核ミサイルを撃墜できるか

2017年4月末に米国は，韓国に高高度迎撃（サード）ミサイルを配備した。サードとは，40〜150km の高度で敵ミサイルを破壊し，撃墜するタイプのミサイルである。

12月19日には米国側の働きかけを受け，安倍政権は，秋田県と山口県に二つの陸上イージス基地を建設し，SM3（ブロック2A）という迎撃ミサイルを配備することを決めた。

米国は，何のために韓国にサードを配備し，日本には陸上イージスの建設を求めたのか。北朝鮮だけでなく，中国・ロシアの核ミサイルも，米国の戦争システムの中枢（グアム，ハワイ，米国本土・宇宙）に狙いを定めている。これらの核ミサイルが米国の戦争システムの中枢に届く前に，自衛

隊に命じてブロックさせ，撃墜させるためにほかならない。日本上空を通過する段階では，核ミサイルはすでに200km 以上の高度に達しているので，サードでは間尺にあわないのだ。

米国の戦争システムを北朝鮮の「報復攻撃」から守ることが陸上イージスの使命となろう。それはなぜか。核ミサイルを放棄しない北朝鮮側の核施設や首脳部の隠れ家に対して，まず米国側が奇襲の「首切り」攻撃を敢行し，これをきっかけに朝鮮戦争を再開するというのが，開戦に至る最有力のシナリオだからだ。

先制攻撃された北朝鮮は，核ミサイルの応射で対抗しようとするだろう。SM 3 を用いると，北の核ミサイルを撃墜できるのか。過去の迎撃実験の実績から判断するかぎり，撃墜できる可能性は低いが，北の核ミサイルを撃墜する勢いで SM 3 が接近するものと仮定しよう。

北朝鮮側には対抗手段がある。迎撃ミサイルの接近を感知したら，ただちに爆発を起こせる感応装置，いわゆる「近接信管」を核ミサイルに搭載しておけばよい。核反応は化学反応の数千倍の速さで進み，わずか100万分の 1 秒で終わる。強力な水素爆弾のばあい，5 段階の核反応が必要だが，所要時間は10万分の 1 秒程度だろう。[38]

北朝鮮の核ミサイルは秒速 4 km で飛ぶとし，これに正面衝突する勢いで SM 3 が秒速 5 km で近づくとしよう。両者は 1 秒につき 9 km の速度で接近し，あと 1 m で衝突という時点で，北のミサイルが SM 3 の接近を感知し，核爆発が始まったとしよう。10万分の 1 秒が核爆発の所要時間だから，わずか 9 cm 近づいた時点で，核爆発は終わってしまう。SM 3 が核ミサイルを追尾する形となれば，1 cm も追いつけない間に，核爆発は終わってしまうだろう。

核ミサイルの自爆は，日本のはるか上空の宇宙空間で行われる可能性が濃厚だ。核爆発が放つ放射線は，気体分子と衝突するなかで，強力な電磁パルスを生み出し，人工衛星の各種機能をマヒさせ，電気通信や交通は途絶し，GPS はマヒし，スマートフォンは繋がらず，停電が続き，冷凍食

品は腐り，疫病がまん延するなど，日本全土は，深い「核の闇」に長期間，閉ざされてしまう可能性がある。SM 3 が核ミサイルに接近できたとしても，核ミサイルは突如「妖龍」に変身し，天空から「核の雷撃」を下し，日本を「核の闇」に引きずり込む公算が大なのである。

　かつてアインシュタインはこう警告した。「核の時代は，すべてを変えてしまったが，人々の考え方だけは昔のままだ。ここに最大の危険がある」と。核ミサイルと通常弾頭ミサイルとの間には決定的な違いがあることを見抜き，「核交戦には勝者はいない，共滅あるのみ」という真実の直視から，私たちは出発しなければならない。

4　朝鮮戦争を終結させ，東アジアの平和を築く

> 「日本とは東海に張られし一本の弦，平和の楽を高く奏でよ」（結城哀草果，1953年）。

「ミサイル防衛」というのは，幻想に満ちた愚策であることを見てきた。しかし MD にも，日米核軍事同盟にも頼らずに，東アジアの安心と安全，平和を築くことはできるのか。誰も確言はできない。しかし生き残ろうとすれば，以下の 3 点を実行していく以外にないのではないか。

1　平和を欲すれば，核戦争の実相の直視と想像から始めよ
　「平和を欲すれば戦争に備えよ」という言葉がある。これへの反発から「平和を欲すれば，平和に備えよ」と唱える人がいるが，核戦争の実相から目をそむけては，平和の創造は難しいであろう。

　戦争を直視するうえで，軍事に通じた専門家の言説は貴重だ。たとえばマッカーサー元帥は，1951 年 5 月 5 日の米国上院の公聴会の場でこう述べた。「戦争の廃止が必要です。……中途半端ではダメなのです。皆さんは核戦争の専門家としてそれを知るべきです。……日本（の憲法 9 条）にそ

の偉大な例証があるのですから」と。1955年の米国退役軍人協会総会の記念講演でも、彼は次のように説いた。「……核兵器をはじめ兵器が驚くべき進化をとげた結果、戦争の廃絶が、宗教的・道徳的な問題ではなく、科学的リアリズムの問題として再び浮上してきたのです……私たちは新しい時代に生きています。古い方法や解決策は、もはや役立ちません。私たちには新しい思想、新しいアイデンティティ、新しい発想が必要なのです」と。[39]

2 朝鮮戦争の終結から始めよう

なぜ朝鮮戦争は68年間も続いてきたのか。休戦協定から勘定しても、65年がたつのに、なぜ終結しないのだろうか。

たしかに前半期には、南進・武力統一方針を放棄しなかった北朝鮮側に重要な責任があったことは否定できない。1970年から80年代末にかけて、集中的に発生した日本人拉致事件も、武力統一方針の産物であった。

ソ連の崩壊は北朝鮮の南北統一戦略に深い影響を与え、1990年代後半になると、北朝鮮側は武力統一方針を事実上放棄し、「朝鮮戦争の終結」を求めだした。ベトナム・中国などの事例に学びつつ、北朝鮮を世界経済に統合しようとする試みも繰り返し行われた。

にもかかわらず終結しないのはなぜか。米国を中核とする世界中の軍産複合体が、己の私欲を満たすために、東アジアの地に冷戦のしくみを温存しようとしたからではないか。そのため北朝鮮社会の一角にも軍産複合体を根づかせ、陰に陽に朝鮮戦争終結の動きを妨害してきたからではないか。[40]

しかし時代は変わり、朝鮮戦争の終結が中国・ロシア・北朝鮮、そして韓国の新政権の共同要求になりつつある。米国が、北朝鮮の現体制の軍事的打倒方針を取り下げ、朝鮮戦争終結にゴー・サインを出すことこそが、北朝鮮内の軍産複合体を孤立させ、核兵器開発を止めさせ、東アジアの冷戦構造を解体していく転換点となるだろう。

1 「ミサイル防衛」の幻想と危険　19

3 宇宙の軍事化の制限，「半宇宙戦争」の禁止

第3に，ドローン攻撃など，半宇宙戦争を野放しにしておいては，「衛星攻撃の禁止」も「核兵器禁止」も絵に描いた餅に終わるだろう。「半宇宙戦争」自体を禁止することから始めねばならない。この点については，国際的な平和団体「Global Network against Weapons and Nuclear Power in Space（宇宙の軍事化と核戦場化に抗する地球ネットワーク）」が先駆的な探究を行ってきた。[41]

"MAD"的状況に至った東アジアでは，「攻められたら，どうするのか」と問うてはならない。そうではなく，「攻められたら，終わりだよ」を共通の旗印にし，「そうさせないための外交」，「国境を越えた市民社会」の強化に注力したい。とともに，自衛隊を日米軍事同盟から切り離し，専守防衛の自衛力に縮減する努力，自衛隊の大半を災害救助隊に転換する努力を行っていくべきではないだろうか。[42]

注

1 藤岡惇［2009］，「軍事経済から平和経済へ」君島東彦編『平和学を学ぶ人のために』世界思想社，336-341頁。

2 多羅尾光徳ほか［2017］，『「軍学共同」と安倍政権』新日本出版社，31頁。

3 Report of the Commission to Assess US National Security Space Management and Organization, Jan. 2001, p. 15.

4 Union of the Concerned Scientists, Space Security, 2007.

5 福島康仁［2013］，「宇宙空間の軍事的価値をめぐる議論の潮流」『防衛省防衛研究所紀要』15-2，2013年2月号。大熊康之［2006］，『軍事システムエンジニアリング──イージスからネットワーク中心の戦闘まで，いかにシステムコンセプトは創出されたか』かや書房。大熊康之［2011］，『戦略・ドクトリン統合防衛革命──マハンからセブロウスキーまで米軍事革命思想家のアプローチに学ぶ』かや書房，8・9章も参照。

6 藤岡惇［2004］，『グローバリゼーションと戦争──宇宙と核の覇権めざすアメリカ』2004年，大月書店。

7 藤岡惇「米国戦略との一体化は宇宙戦争と新型核戦争を招く」『季論

21』2015年秋，102頁。

8　軍縮・不拡散促進センター［2017］，『米国の核政策および核軍縮・不拡散政策』日本国際問題研究所のとくに第2章・第3章。

9　イングドール，ウイリアム，為清勝彦訳［2011］，『ペンタゴン戦慄の完全支配——核兵器と謀略的民主主義で実現する新世界秩序』徳間書店，185・228頁。

10　藤岡惇「新型核戦争システムと宇宙軍拡」『世界』2015年3月号，148頁。

11　『赤旗』2016年9月19日付。Fallows, James "Tragedy of the American Military," *Atlantic Monthly*, Jan/Feb. 2015, pp. 76-84は，12年間の総コストを，4.5兆-6兆ドルと見積もっている。アンドルー・ファインスタイン著，村上和久訳［2015］，『武器ビジネス——マネーと戦争の最前線（下）』原書房，286頁もほぼ同様の結論に達している。

12　藤岡惇［2008］，「ブッシュの8年間をどう見るか——新帝国主義へのUターンがもたらした諸矛盾」『立命館経済学』57巻特別号，2008年11月。

13　『朝日新聞』2013年4月9日付。

14　トランプ，ドナルド［2017］，『タフな米国を取り戻せ——アメリカを再び偉大な国家にするために』筑摩書房，18-33頁。

15　Moore, Mike ［2008］, *Twilight War: The Folly of U.S. Space Dominance*, Indedendent Institute, p. 200.

16　Sputnik ［2016］, "Why Russia's Reviving Its Nuke Trains," *Space War*, May 17, 2016.

17　『京都新聞』2017年2月27日付。

18　『京都新聞』（夕刊）2017年7月29日付。

19　Johnson-Freese, Joan ［2007］, *Space as a Strategic Asset*, Columbia University Press, p. 95. Moore ［2008］, p. 200.

20　Report of the Commission to Assess US National Security Space Management and Organization, Jan. 2001, p. 15.

21　福島康仁［2013］，56頁。

22　『産経新聞』2013年5月17日付。aviationweek. com, Feb. 21 2014.

23　Broad, William J. "Administration Conducting Research into Laser Weapon," *New York Times*, May 3, 2006. Space Security, 2007, p. 129.

24　『朝日新聞』2017年2月16日付。

25　SpaceDaily, June 26, 2017.

26　池内了［2015］，『宇宙開発は平和のために——宇宙の軍事化に乗り出

した日本』かもがわ出版，129-134頁，藤岡惇［2015］，150頁。

27 Ensuring America's Space Security: Report of the FAS Panel on Weapons in Space, 2004 所収の Dennis Papadopoulos, Satellite Threat due to High Altitude Nuclear Detonations.

28 Daniel G. Dupont, ibd., pp. 97-98。

29 永田和男［2017］，「高度上空の核爆発で起こる『電気がない世界』の恐怖」"YOMIURI ONLINE" 2017年5月24日付。『日本の科学者』2017年9月号，58頁。

30 永田和男［2017］，同上。

31 『原子力資料情報室通信』516号，2017年6月1日，10頁。

32 藤岡惇［2014］，「軍事攻撃されれば原発はどうなるか」後藤宣代ほか『カタストロフィーの経済思想——震災・原発・フクシマ』昭和堂，328-330頁。藤岡惇［2015］，「軍事攻撃されれば福島の原発はどうなるか」木村朗ほか編著『核時代の神話と虚像——原子力の平和利用と軍事利用をめぐる戦後史』明石書店，288-293頁。

33 時事通信社 2015年7月29日 午後9時1分配信記事。

34 『朝日新聞』2017年6月17日付。

35 この点の指摘は，豊下楢彦［2017］，「高浜原発再稼働，北朝鮮への備えは」『朝日新聞』2017年4月20日付。吉田文彦［2017］，「核のリスクを見つめ直せ」『京都新聞』2017年4月1日付。

36 『朝日新聞』2017年3月8日付，『京都新聞』2017年5月21日付，『原子力資料情報室通信』2017年6月1日付，4-6頁。

37 D.G. デュポン，前掲論文，101頁。

38 「北朝鮮の核開発どこまで」『朝日新聞』2017年9月7日付。

39 Paige Glenn D.［2007］, *Nonkilling Global Political Science（2nd Edition）*, Wibris, p. 156. 岡本三夫の翻訳による。『非核・非暴力・いのち・平和』10号，2010年2月，岡本非暴力研究所。藤岡惇［2016］，「原爆投下と敗戦の真実——米国の『アメとムチ』作戦の全貌」『立命館経済学』（立命館大学）65巻特別号14，2016年9月，49頁。

40 谷口長世［2017］，「北朝鮮核緊張のまぼろし（下）」『世界』2017年8月号，226-232頁，五味洋治［2017］，『朝鮮戦争は，なぜ終わらないのか』創元社。

41 ギャグナン，ブルース，藤岡惇・田中利幸訳［2010］，「宇宙的視野から核兵器廃絶の展望を考える」『世界』2010年6月，263ページ。2015年7月に京都で開かれた23回目の年次大会（「宇宙と平和国際セミナー@京

都」）の模様については，http://space-peace-kyoto.blogspot.jp/ を参照
されたい。

42　法学館憲法研究所編［2017］，『日本国憲法の核心——改憲ではなく，
憲法を活かすために』日本評論社。「対談」中の森英樹さんの発言。

［立命館大学＝経済学］

2 バイオ技術と環境・健康・企業支配

戸 田 　 清

天 笠 啓 祐

　ヨハン・ガルトゥング（Johan Galtung）の平和学でいう直接的暴力，構造的暴力，文化的暴力の概念に照らして，バイオ技術の功罪を考えてみたい。とりあえず直接的暴力を「暴力を行使する主体が明確な暴力で，殴り合いから核戦争まで含まれる」，構造的暴力を「貧困・飢餓・差別・抑圧などの不公正な状況を生み出す社会構造（たとえば残留農薬の規制緩和を許す制度）によってもたらされる，行為主体が必ずしも明確ではない暴力」，文化的暴力を「直接的暴力や構造的暴力を支持，是認する言説やイデオロギーなど」と理解しておく。

1　直接的暴力

1　防衛目的の生物兵器研究：生物兵器禁止条約の実効性

　生物兵器の研究・開発，製造は，戦前では日本軍七三一部隊による人体実験と実戦使用が有名であるが，戦後も世界各国で続いてきた。1962年には英国ポートンダウンにある生物兵器研究施設の応用微生物研究所で，研究者がペストにかかって死亡している。また1976年には米国フォートデトリックの生物兵器に関する研究所で，1950年から75年までに423件の感染事故が起き，3人が死亡したと発表された（天笠［2004］202頁）。

25

生物兵器禁止条約（1972年）は実効性がないまま，各国で開発が進められてきた。それを象徴するのが，1979年にソ連（当時）のスヴェルドロフスクにある生物兵器研究施設から大量の炭疽菌が漏れ出て，多数の住民が死亡したケースである。この事件は，政府によって隠蔽されたが，生物兵器が相変わらず研究・開発されていることを明るみに出した（アリベック[1999] 100-121頁）。

2 生物兵器テロの可能性

2001年の「米国同時多発テロ」事件に付随して「炭疽菌テロ」があり，その後「テロ対策」を目的のひとつとして「BSL4施設」（バイオセーフティレベル4施設。エボラウイルスなど高度危険病原体を扱える研究施設）が米国に多数建設された。BSL4施設は英国4，仏1，独4，露1，中1（台湾1）に対して米国には12もある（世界で44施設）。そのなかでイギリス国防省防衛科学技術研究所，アメリカ陸軍感染症医学研究所，中華民国（台湾）国防医学院予防医学研究所，防衛科学機構（シンガポール）は軍の所管である。防衛目的の研究が流用される可能性，事件事故などの可能性はゼロではない。非軍事施設でも事件事故や自然災害の可能性はゼロではない。エイズウイルスが米軍の生物兵器開発の副産物だという仮説が提唱されたこともある（ゼーガル夫妻[1992]）。

最近でも，米国科学アカデミーが，特定の遺伝子の働きを壊すゲノム編集技術や，その仕組みを遺伝子として組み込み世代を超えて受け継ぐようにした遺伝子ドライブ技術について，この技術を用いた際の有用性と有害性は，公共政策決定の中に組み入れなければならないとしたうえで，さらにはこの技術が生物兵器へ意図的に悪用されることへの可能性も研究の対象とすべきだと指摘して，警告を発している（The National Academies of Sciences Engineering and Medicine 2016/6/8）。

また『MITテクノロジー・レヴュー』誌でも，遺伝子ドライブ技術が大量破壊兵器に応用される可能性があると指摘している。同誌でジェーム

ズ・クラッパー（James Clapper）は，米国政府中央情報局，国家安全保障局，その他 6 つのスパイや情報収集機関の内部情報の中で公開されたものを集めた年次報告を紹介。なぜ遺伝子ドライブ技術が問題かというと，目的とした遺伝子へと誘導するガイド RNA とそこで DNA を切断する制限酵素を組み合わせ，ゲノム編集を容易にした「CRISPR/Cas9」は科学研究に革命をもたらすうえに，低コストで操作も簡単で，広がりやすいからであると結論づけている（MIT Technology Review 2016/2/9）。

　2016年 9 月に世界自然保護会議がハワイ・オアフ島で開催され，参加した NGO，政府代表，科学技術機関などにより，遺伝子ドライブ技術の停止が決議された。その理由のひとつとして絶滅兵器として軍事利用も考えられるとしている。ヴァンダナ・シヴァ（Vandana Shiva），デビッド・タカヨシ・スズキ（David Takayoshi Suzuki）など多くの科学者がメッセージを寄せ，8 月26日にそのメッセージが公表された（Friends of the Earth 2016/9/1）。

2　構造的暴力

　バイオテクノロジーの基礎技術である遺伝子組み換え技術を用いた製品の第一号は，1984年認可のヒトインスリンであった。インスリン（インシュリンとも表記する）は脊椎動物に共通のホルモンであるが，そのアミノ酸配列には若干の種差がある。1984年以前は屠畜された個体の膵臓から得られるブタ・インスリンやウシ・インスリン，あるいは魚のインスリンが医療で使われていた。そこに登場したのが，ヒトのインスリン遺伝子を大腸菌や酵母に導入して生産される「リコンビナント・ヒトインスリン」であった。ヒトインスリンのアミノ酸配列は再現されるが，インスリン蛋白の立体構造も正確に再現されるとは即断できないだろう。遺伝子組み換え（組み換え DNA）技術（recombinant DNA technique）の一部をとって医薬品業界では「リコンビナント医薬品」という[1]。動物用医薬品では1993年に

モンサント社のポジラック（rBST すなわち「ウシ成長ホルモン」の商品名）
が米国で認可され，乳牛の乳房炎増加などが問題となっている。ヒトの乳
がん，前立腺がんを増加させるリスクさえ指摘されている（ロバン［2015］
160頁）。「リコンビナント・ヒトインスリン」に対する反対意見はほとん
ど聞かれないが（フランス・カーン大学の研究者で遺伝子組み換え食品や化学
物質の問題点を指摘してきたセラリーニ博士〔Gille-Eric Seralini〕もこれを容認
している），ポジラックに対しては懸念の声が強い。ポジラックの認可は
米国のみであり，カナダ，欧州や日本では認可されていない。カナダでは
厚生省への贈賄未遂容疑が認可拒否の理由となった（ロバン［2015］
194-200頁）。

　1988〜89年には米国で「昭和電工トリプトファン事件」が勃発した。こ
れは医薬品ではなく，栄養補助食品（サプリメント）である。好酸球増多
筋肉痛症候群（EMS）により，死者38人，被害者1万人の「食品公害事
件」となった。同業他社（味の素，協和発酵など）のトリプトファン製品
では，被害はなかった。昭和電工では不純物の種類と量が多かったと指摘
されている（戸田［1998］；ドルーカー［2016］）。他社の製品では遺伝子組
み換え技術の利用の有無は不明である。

　遺伝子組み換え作物（GM 作物）では，米国で1994年認可の「フレーバ
ーセーバー・トマト」（日持ちの良いトマト）は市場に定着せず，1996年が
事実上の「GM 作物元年」となった。認可の大半は除草剤耐性作物と害虫
抵抗性作物であった。除草剤耐性作物では「雑草は枯れるが作物は枯れな
い」状態が人為的につくりだされるので，当該除草剤（モンサントのラウ
ンドアップがもっとも有名）を作物に直接かけることが可能になる。除草剤
の使用量は減る場合と増える場合があるが，作物への残留量は増える。そ
のため，ラウンドアップ耐性作物の認可に伴って，グリホサート（ラウン
ドアップは商品名で，その有効成分がグリホサート）の残留基準が緩和され
た。GM 作物の本格的な栽培が始まった1996年から，日本への輸入が始ま
った。トウモロコシ，ナタネ，綿実，大豆を中心に輸入が行われてきた。

米国で栽培が許可されている作物は大半が日本でも栽培が認められている。栽培に関しては，最初は農水省の指針で規制が行われてきたが，その後，環境省の管轄にある生物多様性条約・カルタヘナ議定書に対応したカルタヘナ国内法（2004年2月19日施行）で規制され，許可されてきた。食品としての許可は，最初は厚労省の安全性評価指針によって規制されてきたが，2003年7月1日，食品安全基本法が施行され，食品安全委員会がスタートし，法律による規制に変わった。食品表示制度も2001年から，厚労省の食品衛生法，農水省のJAS法により規制されてきたが，2015年からは消費者庁の食品表示法で一元管理されるようになった。そのため，現在はいずれも法律による規制になっている。現在米国で栽培が認められているGM作物は，そのほとんどが日本でも栽培が認められ，食品としての流通・販売が認められている。しかし，日本ではまだ商業栽培は行われていない。

1　除草剤耐性作物の認可に伴う農薬残留基準の緩和（厚生労働省）

　前述のように，ラウンドアップ耐性作物の認可に伴って，グリホサートの残留基準が緩和された（表1）。制度の変更によって口に入る農薬の量が増えることになり，これはガルトゥングのいう構造的暴力（社会構造に組み込まれた暴力）に他ならないだろう。

　グリホサートの毒性がクローズアップされるきっかけになったのが，2015年にWHOの国際がん研究機関（IARC）がグリホサートを発がん物質「2A」にランクしたことからである。IARCは化学物質や放射線などの発がん性を評価している。評価は1～4で，1は発がん性が確実であり，2はAとBに分けられ，2Aは発がん性が強く疑われるというもの。最近でも，米国フランシスカン・セント・フランシス保健システムの新生児集中治療室の医師で，インディアナ州インディアナポリスのライリー子ども病院の臨床小児科医のポール・ウィンチェスター（Paul Winchester）が率いる研究チームが，インディアナ州の産科婦人科を受診した妊婦を調査したところ，69人中63人（91％）からグリホサートが，平均で3.44μg/ℓ検出

表1　日本におけるグリホサートの残留基準の緩和

作物	旧基準	新基準
ダイズ	6 ppm	20ppm（1996年）
トウモロコシ	1 ppm	9 ppm（2017年）
ナタネ	10ppm	30ppm（2017年）
綿実	10ppm	40ppm（2017年）

（出典）厚生労働省。

された。この調査は2年間にわたって追跡された。尿中の濃度の高い妊婦の場合，妊娠期間が短くなり，赤ちゃんの体重が少ない傾向があることが判明した。ポール・ウィンチェスターによると，その赤ちゃんは将来的に，糖尿病，高血圧，心臓病，認知能力の低下，メタボリック・シンドロームになるリスクが高まると指摘している（The FERN 2017/4/7）。

2　モンサントなどに提訴された米加の農民の苦境

　GM作物の認可に伴い，知的財産の保護が強化された。GM作物の畑と非GM作物の畑が隣接しているとする。米国やカナダでは，GM作物の花粉や種子が風や昆虫に運ばれて，非GM作物の畑にGM作物が生えたとしても泥棒扱い（知的財産権侵害）になる。生えたことをどうやって証明するか。夜陰にまぎれてモンサント社員の「遺伝子警察」が畑に侵入して抜いてくることもある（ロバン［2015］323-327頁）。その結果，米国・カナダでは，モンサント社に特許権侵害で訴えられるケースが相次いでいる。カナダのナタネ農民パーシー・シュマイザー（Percy Schmeiser）のケースでは，自分の畑のGMナタネが広がったのは，周囲のGMナタネの汚染が原因だった。特許権を争う裁判は企業側が絶対有利であり，農民は泣き寝入りを強いられている。シュマイザーの裁判では，地裁，高裁でモンサント勝訴となった。しかし，世界的に注目を集めたことから最高裁ではモンサント勝訴としたものの，シュマイザーは利益を得なかったということで損害賠償を免れた。シュマイザー裁判のケースでは，彼はモンサント社

から種子を購入していなかったにもかかわらず訴えられた（天笠［2008］36-52頁）。しかし米国の大豆農家ヴァーノン・ボウマン（Varnon Bowman）の場合，モンサントと特許契約を交わし種子を購入して作付した。契約では作物の収穫は1回しか認められていない。翌年は，市販の種子を購入し，グリホサートを散布して，除草剤にやられなかった種子を蒔いている。自家採種した種子ではなかったが，モンサントに訴えられ，敗訴している。訴えられることで破産した農家も多い（NYULOcal 2012/10/9）。

　西オーストラリア州ではGMナタネ汚染で有機認証剥奪事件も起きている。有機農家スティーブ・マーシュ（Steve Marsh）が所有する畑が，隣人の農家が栽培するGMナタネに汚染された。この汚染に対してマーシュは提訴した。それに対してモンサント社は，訴えられる側になる隣接する農家を支援する，と表明している。汚染の存在は2010年12月27日に正式に確認され，州政府はスティーブ・マーシュの有機認証を取り消した（International Business Times 2010/12/27）。裁判では結局，マーシュ敗訴となり，汚染の責任は認められなかった。

3　インドにおける遺伝子組み換えワタと自殺の増加

　インドでは1990年代末から「Btワタ」の栽培が広がった。Btとはバシルス・チューリンゲンシス（Bacillus thuringiensis）という微生物の略称であり，微生物の殺虫毒素の遺伝子をワタに組み込むのである。在来種のワタの種子が市場からほとんどなくなり，農民は割高の（特許料が上乗せされている）Btワタ種子を買わざるをえなくなり，以前のワタ作地帯に比べて，あるいは現在の稲作地帯に比べて，農民の自殺率が急増していると指摘されている（ロバン［2015］442-446頁）。WHOの統計でもインドでは毎年20万人前後の自殺者がおり，ワタの受粉や収穫作業に児童が動員され健康障害が起き問題になっている。自殺者に関しては世界でも群を抜いて多い。その一因にBtワタがある。2007年，インドの農民の自殺者は16,625人だった。マハーラシュトラ州がその4分に1を占め，とくに綿花栽培地

帯に集中していた。その原因として，種子代の高さに反し，収量が減少，質が悪化し価格が暴落，借金が膨らんだことによるものとみられている（The National Newspaper 2009/1/20）。にもかかわらずモンサント社のインド法人のマヒコ社は，Bt ワタの種子の売り込みを図っており，最近でも，インド・ビハール州首相のニティシュ・クマール（Nitish Kumar）は，Btワタが農家に利益をもたらすという約束が果たされていない，と述べた。しかも Bt ワタによる支出増や収入減が家計にまで影響が及び，農家の自殺が増えていると指摘した（Outlook India 2017/6/11）。

　Bt ワタの品質が悪い例は，アフリカのブルキナファソでも問題となった。Bt ワタ栽培に切り替え，栽培を進めてきたブルキナファソが，2016年，Bt ワタから遺伝子組み換えではないワタへと全面的に切り替えた。その理由は，繊維が短くなるというワタの質の低下が起き，収量も落ちたことによるという。ふたたび従来の品種に戻した結果，収量は増え，繊維の短縮もなくなった，と同国政府の農業大臣が述べている（Reuters 2017/1/17）。

4　南米における GM 作物の広がり

　ブラジルでは通常の申請でラウンドアップ耐性ダイズが認可されたが，パラグアイなどでは違法に持ち込まれたあとに追認された（ロバン［2015］419-423頁）。まわりを GM 作物の畑に囲まれている零細農家では，買い物などに行くにも GM 作物の間近を歩いていかねばならない。パラグアイのシルヴィノ・タラヴェラ少年（11歳）は，吐き気や頭痛を訴えたのち，入院し，やがて死亡した。家族全員が嘔吐と下痢に苦しんだ。裁判所によって「口や呼吸器，さらに皮膚から毒物を吸収した」農薬中毒と認定された少年は，「ラウンドアップに殺された少年」と呼ばれている（ロバン［2015］417-419頁）。

　特に大きな健康被害が広がっているのがアルゼンチンである。除草剤耐性作物に使用する農薬グリホサートが原因で，その実態を Rural Reflection Groupe が多数の医師，専門家，住民の証言をもとに報告した。特に際立っているのが，若年層のがん，出産時の重度の障害，狼瘡と呼ばれる皮膚障害，腎障害，呼吸器系の疾患などである（Inter Press Service News Agency 2009/3/4）。同じアルゼンチンでグリホサートが胎児に障害をもたらす可能性があるとする見解を，発生学を専門とするブエノスアイレス大学のアンドレス・カラスコ（Andrés E. Carrasco）が発表した。両生類の胚を用いた実験で胎児に脳や腸，心臓に欠損を生じるケースがみられたという。この結果は，人間の胎児でも起きうると指摘している（Latin American Herald Tribune 2009/4/14）。

　アルゼンチンのコルドバ州政府保健省が，GM 作物作け付け地帯でがんの発生率が急上昇し，そのため他の地域に比べて高い割合になっているという報告をまとめた。過去 5 年間の同州でのがんに係る情報を文書化したもので，とくに高い割合を示しているのが同州東部の「パンパ・グリンガ（pampa gringa)」地域で，同州でもっとも農業が盛んな地域である。同州でのがんによる死亡の割合は，10 万人当たり 158 人だが，同地域は 216〜230 人に達した（The Ecologist 2014/8/25）。医師グループも，GM 大豆の栽培拡大と出生異常の急増の関係に注目した報告書を発表した。DNA の障害，グリホサートとその分解産物 AMPA，神経発達障害などに関する内容を含むもので，2010 年 8 月にコルドバ国立大学で開かれた第 1 回農薬散布実施市町村医師会議で報告された（National University of Cordoba 2011/10/28）。

5　自由貿易協定とモンサントなどの食料支配

　トランプ大統領の登場で TPP は見込みがなくなったが，多国籍企業の利益を促進する自由貿易協定への動きがなくなるわけではない。日本にとっての当面の焦点は「日米 FTA」と「RCEP（東アジア地域包括的経済連携）である。TPP の経済規模は 3,100 兆円，約 8 億人の市場であるが，RCEP」，「日欧 EPA」は約 2,300 兆円，約 34 億人の経済圏になる。日豪や

ニュージーランドなどの「TPPグループ」と韓国（韓米FTAは日米FTAのモデルともいわれる）が，TPPから継承する形で，医薬品特許の保護強化や，「植物新品種保護条約」の批准による植物新品種の知的財産権（育種者権）保護を求めている。前者ではインドなどのジェネリック医薬品が製造困難になってHIVやマラリアで苦しむ貧困層が安価な薬を入手しにくくなり，後者ではモンサントなどの種子企業の農民支配が強化される。日豪などの先進国がインドやASEAN諸国などへの脅威になりかねない（内田［2017］）。

　知的所有権に守られ，GM作物は種子支配・食料支配の重要な武器になっている。現在，GM種子以外も含めた世界で販売されている種子の7割を10の多国籍企業が提供する，寡占化が起きている。しかも，トップ企業の米国モンサント社，米国デュポン社，スイスのシンジェンタ社というGM種子開発企業がトップ3を占めている。モンサント社が27％，3社で50％以上を占めている。種子はすでに多国籍企業による寡占の時代にある。種子を支配し，食料を支配するためのGM作物開発であることが，いっそう明瞭になってきた。それを後押ししているのが，米国の食料戦略であり，その資金源となっているのがマイクロソフト社の巨額の儲けを基盤に作られたビル・ゲイツ財団である。

　米国政府，モンサント社，ビル・ゲイツ財団の3者が共同して，GM作物を世界に売り込む戦略が展開されている。ビル・ゲイツ財団が2011年10月に新しい報告書を発表した。それによると，2005〜2011年にかけて拠出した助成金の40％以上が遺伝子組み換え作物に割り当てられたことが示された。ビル・ゲイツ財団はまた，2010年にはモンサント社の株を50万株購入しており，同社と一体で売り込みを進める態勢が強化されている。最近，この3者が特に力を入れているのがアフリカの食料支配である。

　種子・農薬を中心にしたアグリビジネスの分野を担っている巨大企業が，グローバル化する企業競争の中で，その勝者になるため，さらに巨大化を目指し合併を進めている。現在，ドイツの化学メーカー・バイエルによる

世界最大の種子メーカー米国モンサント社買収，中国化工集団公司による世界最大の農薬企業スイス・シンジェンタ買収，米国デュポンと米国ダウ・ケミカルの経営統合により，アグリビジネスは，3社による世界規模での寡占状態を形成することになった。『ザ・ガーディアン』紙（2016年9月26日オンライン版）は，次のような事例をあげている。インドの典型的な小規模農民は，モンサントの種子と除草剤を使い，シンジェンタの殺虫剤を用い，莫大な特許料がバイエルに転がり込むという構造に組み込まれることになる，と。3社が占める割合は，種子は71%，農薬は62%に達する。またGM作物に関する特許はほぼ100%に達する。

　知的所有権の強化がまた，もともとその生物が存在している資源国の権利を奪う「バイオパイラシー」を広げてきた。W.R. グレース社がインド全土に自生するニーム樹の成分アザジラクチンの特許を取得したことから，インドで大規模な反対運動が起きている。西アフリカのベリー品種ブラゼインの甘味成分を米ウイスコンシン大学の研究者が特許申請を行い，地元との軋轢を生じた。米イーライリリー社がマダガスカルに自生するニチニチソウで医薬品を開発して特許を取得し，その利益を地元に還元しなかった（ショーン・マクドナー〔Sean McDonagh〕著，広瀬珠子訳「生命を特許の対象にするな」緑風出版刊・天笠編［2003］所収）。そのことから，資源国の権利を保障する仕組みを国際条約として制定する動きが強まり，生物多様性条約締約国会議で取り上げられ，2010年に名古屋議定書が採択された。

6　独立した研究者への圧迫　セラリーニ事件とチャペラ事件

　フランスのカーン大学のジル＝エリック・セラリーニ（Gilles-Eric Seralini）は，2012年にラウンドアップ耐性トウモロコシをラットに長期間（2年）食べさせるとがんになるという論文を『食品・化学毒性学（*Food and Chemical Toxicology*）』に発表し，「大きな批判を受けて論文は撤回」された。その後2014年に『欧州環境科学（*Environmental Sciences Europe*）』に再掲載されている。ラットの寿命は約2年であるが，従来は3ヵ月試験し

か行われてこなかった。セラリーニの場合，２年間の長期実験を行ったことで，がん以外にも寿命の短縮が起きていたことも明らかにできた。GM作物の推進側は「ジャンク・サイエンス（偽科学）」呼ばわりしている。その後，『Food and Chemical Toxicology（食品・化学毒物学）』誌（2012年９月号）が，論文を掲載したことは間違いであったとして，論文掲載を取り下げた件で，モンサント社の介入が明らかになった。モンサント社は，元モンサント社の社員で科学者のリチャード・E・グッドマン（Richard. E.Goodman）を，編集委員でレヴュー（査読）を行う人物として送り込み，そのグッドマンの指示で，2013年11月，同誌編集者ウォーレス・ヘイズが論文掲載を取り消した。これまで，このような科学論文が撤回されるのは，詐欺的行為，盗用，完全な間違い以外にはあり得ず，セラリーニ論文のようなケースはなかった（ル・モンド〔Le Monde〕2016/7/11）。

　カリフォルニア大学バークレー校のイグナシオ・チャペラ（Ignacio Chapela）は，2001年に米国から輸入（NAFTA に伴って）された GM トウモロコシの遺伝子によってメキシコの在来品種が汚染されていると指摘する論文を『ネーチャー』に発表した。GM 作物の推進側による「チャペラは研究者であるよりも市民運動家だ」という攻撃キャンペーンが行われ，彼は研究職を失った（ロバン［2015］376-380頁）。「メディア・リンチ」状態だといわれた。この論文については学問上の問題点は指摘されておらず，不都合な事実（トウモロコシ原産地での在来品種の遺伝子汚染，「奇形化」）から目をそらすためといわれても反論できないであろう。

　健康被害が広がるアルゼンチンでは，それを指摘した科学者や市民への攻撃が起きている。とくに前述の発生学者アンドレス・カラスコに対する攻撃は強く，４人の男性（正体不明）が訪れ，脅していったことが明らかになっている（Organic Consumer Association 2009/4/27）。

　アルゼンチンで，GM 大豆に用いる農薬ラウンドアップで自身も健康被害を受け，４番目の子どもを失った母親ソフィア・ガティカが，モンサント社との闘いに立ちあがり，彼女は，その勇気から草の根の環境保護運動

に贈られる「ゴールドマン環境賞」を受賞した。その彼女に対して何者か
が「殺す」と脅迫を加え，実際に襲撃を受ける事件が発生している（Re-
volution News 2013/11/23）。

　ロシアの研究者のイリーナ・エルマコバ（Irina Ermakova）への攻撃も
目に余るものがあった。2005年10月10日に開かれたロシア・遺伝的安全の
ための国立協会（NAGS）主催のシンポジウムで，ロシア科学アカデミー
高等神経活動・神経生理学研究所のイリーナ・エルマコバが GM 大豆を
用いたラットを用いた実験で，子どもへの影響を調べた。その結果，GM
大豆を食べた子ラットの死亡率が高く，しかも生き残った子ラットも低体
重児が多いという実験結果を発表した（REGNUM 2005/11/2）。それに対し
てモンサント社が激しく攻撃を加え，エルマコバの研究者生命を脅かす事
件が起きている。

3　文化的暴力

1　GM 作物（除草剤耐性・害虫抵抗性），クローン家畜，GM 家畜・魚の安全神話

　安全神話の最たるものは，1993年 OECD によって提示された「実質的
同等性（substantial equivalence）の原則」である。新しく導入した遺伝子
の産物が安全であれば，在来品種と実質的に同等とみなすというもので，
遺伝子導入がゲノム（種の遺伝子総体）に及ぼす影響は考慮されない。そ
もそも遺伝子組み換えは，外来遺伝子をウイルスやプラスミド（細菌の小
型環状 DNA）などのベクター（運び屋）に組み込んで，あるいは微小金属
球に付着させて（遺伝子銃）宿主細胞に組み込むものである。たとえばヒ
トインスリン遺伝子を酵母に感染するウイルスに組み込んで酵母に入れる。
1970年代には，哺乳類細胞に組み込むときにベクターとして改変した腫瘍
ウイルス（がんウイルス）が使われてその安全性が懸念されたこともあっ
た。ヒトの遺伝子治療では，異種生物ではなく同じヒトの遺伝子をベクタ

2　バイオ技術と環境・健康・企業支配　37

ーに組み込んでヒト細胞（宿主細胞）に感染させるわけであるが，導入遺伝子が46本の染色体のどの部位に挿入されるのか予測できない。挿入部位によっては既存の遺伝子が破壊されて不測の事態が生じるかもしれない。ゲノム編集という新世代技術では宿主ゲノムの改変部位をピンポイントで制御できるが，新たな不確実性・リスクも生じる。導入遺伝子の産物の安全性だけで GM 作物の安全性を判断することはできないはずだ（ロバン［2015］229-233頁）。そもそも遺伝子は垂直移動（生殖によって親から子へ，孫へ）が生物界の原則だ。自然界でもウイルスの媒介による水平移動（種の壁を超えた遺伝子の移動）は知られているが，人間の都合で恣意的に遺伝子を導入したものが食品として安全と判断できるだろうか。食品ではないが，ホタルの発光にかかわる遺伝子を導入して「光るタバコ」を作出した研究もある。自然界ではありえないことだ。

　1989年のトリプトファン事件にしても，複数の不純物の生成経緯や EMS（好酸球増加筋肉痛症候群）との因果関係は結局解明されなかった。ラウンドアップにしても，ヒトの疫学調査でがんとの関連が示唆されていることも含めて，安全性には多くの懸念がある（ロバン［2015］第4章）。

　セラリーニ事件の背景にあるのは，GM 作物の哺乳類での長期毒性試験の不在である。また，ダイズ食文化をもつ日本やトウモロコシ食文化をもつメキシコと異なり，欧米では「トウモロコシやダイズは主に家畜飼料」というイメージが強い。GM コムギがなかなか商業化されないのも，主食に近いものの GM 化に抵抗があるためではないだろうか。モンサントの社員食堂では GM 食品を使わないともよくいわれる。

　モンサント社の安全審査の申請書に意図的な操作が行われていることも明らかになった。たとえば，除草剤耐性ナタネの安全審査に用いたラウンドアップ耐性たんぱく質は，ナタネ由来ではなく大腸菌由来だった。また同たんぱく質のアミノ酸配列分析が455の内わずか16しか行われていなかった（河田昌東「遺伝子組み換え情報室」2015/7/7）。

　EU では，2016年にグリホサートの再認可に向けて議論が進められ，暫

定的に延長が行われ，2017年に正式な決定が下されることになり，EFSA（欧州食品安全局）が，安全性の評価を行ってきた。そして安全という評価を下したが，その根拠に用いた重要な論文２本についてモンサント社が関与していることが明らかになった（EU Observer 2017/5/2）。

　このように遺伝子組み換え食品の安全審査でモンサント社による人為的な操作が行われてきた。それを支えているのが同社とつながった科学者であるが，米国科学アカデミーの GM 作物にかかわる委員会委員の何人かがモンサント社とのつながりが指摘されてきた（利益相反）。委員20人のうち６人が，金銭的授受に関する情報を開示しなかった。これは同アカデミー科学・工学・医療部門（NASEM）が出したピア・レビュー論文「GM 作物，その経験と展望」の中で述べられた（PLOS One 2017/2/28）。

　除草剤ラウンドアップの多用，またはラウンドアップ・レディ（RR）品種の GM 作物によって，新種の微生物が出現しており，家畜の不妊や自然流産を引き起こしている可能性があるとして，パーデュー大学の名誉教授ドン・M. ヒューバー（Don. M. Huber：植物病理学，生物兵器，疾病等を専門とする）が警告を発しており，ラウンドアップ作物の規制撤廃を即刻中止するよう求める書簡を農務大臣あてに送った。この微生物は電子顕微鏡（36,000倍）でしか見えない病原体で，すでに広範に広がっており，動植物（おそらく人間も）の健康に有害な影響を与える可能性があるという。RR 品種の大豆やトウモロコシ製品に高濃度で含まれているため，RR 遺伝子または除草剤ラウンドアップとの関連が疑われるという。植物では，収穫を減らす原因になっている２種類の病気（大豆の突然死症候群〔SDS〕とトウモロコシの立ち枯れ病）にかかった植物から，この微生物が多量に検出されている。動物では，自然流産や不妊になった多種の家畜の体内にこの微生物が存在することが確認されており，臨床実験でも流産を引き起こすことが確認されている。小麦飼料を与えられていた妊娠した雌牛1,000頭のうち450頭が流産し（小麦飼料に高濃度の微生物が確認された），同時期に牧草を与えられていた雌牛1,000頭では１頭も流産しなかった，と

いうデータもあるという（Farm and Ranch Freedom Alliance 2011/1/16）。GM作物の拡大は，さまざまな予期しない問題を引き起こすことがかねてから指摘されていた。とくに問題となるのが，このような予期しない生物の誕生によって引き起こされるバイオハザードである。

2　必要神話

　世界人口増加のなかで食料問題解決にGM作物が必要と宣伝される。必ず増収になると決めつけているようだ。商業栽培でも増収事例と減収事例が報告されている。ワシントン州立大学のチャールズ・ベンブルック（Charles Benbrook）は、遺伝子組み換え作物が収量を減少させるという現実を報告した（Ag Bio Tech InfoNet Technical Paper, 1999/7/13）。これは大学での栽培試験を分析したものである。ベンブルックはその後，政府の統計データを分析して，1996〜2011年に，農薬の使用量のみの評価で183,000tの増加を示し，殺虫剤や殺菌剤などを除いた除草剤だけみると239,000t増加していることを示した（Environmental Sciences Europe 2012/9/28）。その最大の原因が，除草剤に耐性を持ったスーパー雑草の拡大だが，国立農業統計調査（NASS）によると，米国の大豆農家が使用する除草剤の使用量が過去6年間に，88％も増加しているという（Agweek 2016/6/1）。

3　除草剤アリルオキシアルカノエート系耐性作物の承認（ダウ・ケミカル日本）：2, 4-D耐性であることをわかりにくくする用語

　米軍のベトナム枯葉作戦（1961-1971年）で散布されたのは，2, 4-D，2, 4, 5-T，ピクロラム，カコジルの混合剤であり，不純物ダイオキシンなどによる多くの健康影響が指摘されている（尾崎・藤本編［2017］第2章）。農薬（除草剤）を軍事利用のために提供したのは，ダウ・ケミカル，モンサントほかの米国企業であった。ダイオキシンは2, 4, 5-Tの製造過程の副産物であったが，2, 4-Dも2, 4, 5-Tとよく似た芳香族有機塩素化合物

であり，有害物質には違いない。米国の水田地帯でのがんの増加と2, 4-D の関連も示唆されている。「2, 4-D 耐性作物」は日本の官庁用語では「アリルオキシアルカノエート系耐性作物」と表記される（ダウ・ケミカル日本ほか［2009］）。「アリルオキシアルカノエート系化合物」が2, 4-D の別名であることを知る人は少ない。有害物質の利用促進は構造的暴力である。「ベトナム枯葉作戦を連想させない用語の使用」は，構造的暴力を促進する文化的暴力になるのではないだろうか。

4　今後の課題

1　ゲノム編集はどこまで安全か

　ゲノム編集技術を用いた食品の開発が活発化している。従来の遺伝子組み換え技術は，ほかの生物の遺伝子を加える技術で，従来の遺伝子も働いている。また導入した遺伝子がどこに入るかはわからない。それに対してゲノム編集は目的とする遺伝子の働きを壊す技術で，簡単で正確，範囲も広く，あらゆる生物で応用が可能である。生物は促進する仕組みと抑制する仕組みがありバランスをとっている。ゲノム編集技術で制御する遺伝子を壊すと促進する一方になる。現在よく行われている応用が，動物のミオスタチンという筋肉の発達を制御する遺伝子の破壊で，筋肉質で成長が早い牛や豚，魚を誕生させている。『科学』でもゲノム編集が特集された。ゲノム編集技術の問題点として，次のようなことが指摘されている。①狙った遺伝子以外を切断（オフターゲット作用）する可能性が高い，②複雑な遺伝子の働きをかき乱す，③ DNA を切断するだけだと跡が残らないため，操作したかどうかがわからなくなる，④遺伝子を操作するため，次世代以降に影響が受け継がれる可能性が高い，⑤簡単な操作ででき，操作の簡単さと結果の重大さのギャップが大きい，⑥軍事研究への転用が容易（天笠［2016］）。

　また医療との関係では，「日本はクリニック数および治療回数ともに，

世界一の生殖医療超大国だ。にもかかわらず，生殖医療に直接関係する法律はない。厚生労働省指針は生殖細胞，受精卵の遺伝子改変を禁ずるが，受精卵ゲノム編集は規制対象外の部分がある。技術の進歩が規制を超えたのだ。私には，今，日本で自由にヒト受精卵や精子や卵子などのゲノム編集研究を進めるのは危険な社会実験としか思えない。まず一般の人々との対話を深めることが先決だ」との指摘もある（石井［2017b］）。ジョナサン・レイサム（Jonathan Latham：米国・生命科学資源プロジェクトの科学者）は，ゲノム編集技術の安全神話を批判した。第一の神話は，「ゲノム編集技術は間違いを起こし難い」というものである。ゲノム編集のもっとも基礎技術であるCRISPR Cas9は，目的としたターゲット以外にも作用することがあり得る（オフターゲット）。それは他の部位でDNAを切断してしまうことを意味する。第二の神話は，「ゲノム編集技術は精密に制御されている」というものである。DNAはその機能がまだわかっていないことが多い。そのため，後で問題になることがしばしばである。たとえば，CaMV35Sプロモーターは遺伝子組み換え技術で一般的に用いられているが，最初は考えられてもいなかった，小さなRNAを大量に生成することが，後に明らかになってきたが，このようなケースは多数ある。第三の神話は，「DNAの機能は変更が予測可能である」というものである。遺伝子の機能は，遺伝子の変化を伴わない遺伝子の働きの変化であるエピジェネティックな変異も含めて，年齢，環境，他の生物，遺伝子間のネットワークなど，さまざまな要因によって影響を受けている。そのため予測は不可能である（Independent Science News 2016/4/25）。

　米国コロンビア大学の研究チームがゲノム編集技術を用いて行った動物実験で，多数の意図しない突然変異が起きていることが明らかになった。研究を行ったのは，Stephen Tsang, Laszlo T. Bitoらで，すべての塩基配列（DNAの文字配列）を確定させたマウスに，CRISPR-Cas9を用いて遺伝子操作を行い，「オフターゲット」と呼ばれる，ターゲット（標的）とした以外のすべての突然変異の個所を探した。その結果，単一の塩基で

の突然変異が1,500ヵ所以上，大きい規模での削除と挿入が100ヵ所以上で見つかった。従来，潜在的なオフターゲットを探すために用いられている方法としては，コンピュータ・アルゴリズムによって，影響を受ける可能性が強い領域を特定して行ってきた。このように全ゲノムを用いては行われてこなかった。従来の方法では予測できなかった多さであり，その深刻さが浮かび出る形となった（Nature Methods 14, 547-548［2017］）。

2　農薬汚染との複合影響，種子のネオニコ消毒など

1990年代以来の「除草剤耐性作物」がすでに「バイオ技術と農薬の複合影響」をもたらすことは明らかであるが，制度変更（の可能性）との関係で新しい問題も出てきた。日本の農水省が民間企業の参入を促す「農業競争力強化法案」を提出したのである。これもモンサントなどの種子企業の後押しになると思われる。米国環境保護庁（EPA）の報告で，米国で栽培されているトウモロコシとダイズのほとんどがネオニコチノイド系農薬で種子消毒されていることも明らかになった（天笠［2017a］）。米国アーカンソー州で2017年から除草剤ジカンバ耐性綿の栽培が始まったが，除草剤ジカンバの使用量が増え，その飛散により大豆，トウモロコシ，ソルガムなどの農作物の被害が増え始めた。その結果，2017年に入り同州では41件もの苦情が寄せられていることが明らかになった。また，ミズーリ州では桃農家が被害を受け，34,000本の桃の木が失われたという報告もある（Northwest Arkansas Democrat Gazette 2017/6/13）。

3　どこまで受容すべきか

医薬品と食品の間には，安全審査の仕組みの違いがある。医薬品では動物実験，臨床実験でそれぞれフェーズ1〜3の計6段階での評価が必要であるのに比べて，食品ではそれらがまったくなく，アミノ酸の配列を見るなど簡単な評価で承認されている。しかも医薬品の場合は，対象とする人が限られ，リスクを受ける人はメリットを受ける人でもある。しかし，食

品の場合は，すべての人が対象であり，リスクだけを一方的に受ける可能
性がある。そのような理由で「リコンビナント・ヒトインスリン」（最初
の GM 医薬品）などを否定するものではない。セラリーニもこれを肯定し
ている。しかし，医薬品の中にも問題が起き得るケースがある。子宮頸が
んワクチンの副作用問題については，西尾正道医師が2015年に「遺伝子組
み換えワクチンであることとの関係はないだろうか」と懸念を示している。

注
1 1970年代にポール・バーグ（Paul Berg：1980年ノーベル化学賞）など
が開発した「組み換え DNA 技術」を利用した製品を，医薬品では「リ
コンビナント医薬品」，農業では「遺伝子組み換え作物」「GM 作物」と
いう。GM は遺伝的に改変された（genetically modified）という意味で，
必ずしも「組み換え DNA 技術」の同義語ではないのだが，ほとんど同
義語のように使われる。そもそも 1 万年前に始まる農業自体が「生物技
術」であるが，「バイオ技術」「バイオテクノロジー」というときは，20
世紀後半以降に開発された技術をさすのが普通である。「バイオ技術」に
は「組み換え DNA 技術」のほかに「細胞融合」（モノクローナル抗体な
ど），クローン技術（花卉や家畜），キメラ技術（食品や医薬品としての
商業化はされていない），体外受精，受精卵移植などがある。最近話題の
「ゲノム編集」は「新世代の組み換え DNA 技術」といってよいだろう。

参 考 文 献
Alibek, Ken and Steven Handelman［1999］, *Biohazard:The Chilling True
Story of the Largest Covert Biological Weapons Program in the
World-Told from Inside by the Man Who Ran It*, Random House（山本光
伸訳［1999］,『バイオハザード』二見書房）.
Druker, Steven［2015］*Altered Genes, Twisted Truth*, Clear River
Press（守信人訳［2016］,『遺伝子組み換えのねじ曲げられた真実──私
たちはどのように騙されてきたのか？』日経 BP 社）.
Kimbrell,Andrew［2007］, *Your Right to Know:Genetic Engineering and the
Secret Changes in your food*, Earth Aware（福岡伸一監修，白井和宏訳
［2009］,『それでも遺伝子組み換え食品を食べますか？』筑摩書房）.
Magdoff, Fred, John Bellamy Foster and Frederick Howard Buttel（eds）

[2000], *Hungry for Profit: The Agribusiness Threat to Farmers, Food, and the Environment*, Monthly Review Press（F. マグドフ，J. B. フォスター，F. H. バトル編，中野一新訳［2004］『利潤への渇望――アグリビジネスは農民・食料・環境を脅かす』大月書店）．

Nestle, Marion［2003］, *Safe Food: Bacteria, Biotechnology and Bioterrorism*, University of California Press: Berkeley（久保田裕子，広瀬珠子訳［2009］，『食の安全――政治が操るアメリカの食卓』岩波書店）．

Rees, Andy［2006］, *Genetically Modified Food: A Short Guide for the Confused*, London: Pluto Press（白井和宏訳［2013］，『遺伝子組み換え食品の真実』白水社）．

Rissler, Jane and Margaret Mellon［1996］*The ecological risks of engineered crops*, The MIT Press（阿部利徳，小笠原宣好，保木本利行訳［1999］，『遺伝子組み換え作物と環境への危機』合同出版）．

Robin, Marie-Monique［2008］, *Le Monde selon Monsanto*, Paris: La Découverte.（村澤真保呂・上尾真道訳，戸田清監修［2015］，『モンサント――世界の農業を支配する遺伝子組み換え企業』作品社）．

Segal, Jacob and Lilli Segal［1989］, *The Origin of AIDS*（川口啓明訳［1992］，『悪魔の遺伝子操作――エイズは誰が何の目的でつくったのか』徳間書店）．

Seralini, Gilles-Eric［2012］, *Tous Cobayes! OGM, Pesticides, Produits chimiques,* Paris: Flammarion（中原毅志訳［2014］，『食卓の不都合な真実　健康と環境を破壊する遺伝子組み換え作物・農薬と巨大バイオ企業の闇』明石書店）．

Shiva, Vandana［1997］, *Biopiracy: the Plunder of Nature and Knowledge*, South End Press: Cambridge Massachusetts（松本丈二訳［2002］，『バイオパイラシー――グローバル化による生命と文化の略奪』緑風出版）．

Smith, Jeffrey M.［2003］*Seeds of Deception*, Yes! Books（野村有美子，丸田素子訳［2004］，『偽りの種子――遺伝子組み換え食品をめぐるアメリカの嘘と謀略』家の光協会）．

Testart, Jacques［2013］*A qui Profitent les OGM?*, CNRS（林昌宏訳［2013］，『なぜ遺伝子組み換え作物に反対なのか――「セラリー事件」は転換点となるか』緑風出版）．

天笠啓祐，市民バイオテクノロジー情報室編［2003］，『生命特許は許されるか』緑風出版。

天笠啓祐［2004］，『いのちを考える40話――脅かされる地球・食品・人体』

解放出版社。

天笠啓祐［2008］，『世界食料戦争』緑風出版。

天笠啓祐［2013］，『遺伝子組み換え食品入門——必要か不要か？　安全か危険か？』緑風出版。

天笠啓祐［2015］，「RNA 干渉技術にゲノム編集技術　新しい遺伝子操作が続々」『週刊金曜日』4 月10日号47頁。

天笠啓祐［2016］，「ゲノム編集技術を使い，食品の開発が進む。食の安全は大丈夫なのか」『週刊金曜日』9 月23日号47頁。

天笠啓祐［2017a］，「日本の種子に危機迫る！　『農業競争力強化支援法案』に断固反対」『週刊金曜日』3 月17日号57頁，ネオニコで種子消毒。

天笠啓祐［2017b］，「『RNA 操作ジャガイモ』の流通にゴーサイン」『週刊金曜日』4 月14日号59頁。

行方史郎［2013］，「99年間は出現しないはずが——遺伝子組み換え効かぬ害虫　米コーンベルト，殺虫剤使用増える」『朝日新聞』8 月 1 日16面。

石井哲也［2017a］，『ヒトの遺伝子改変はどこまで許されるのか——ゲノム編集の光と影』イースト・プレス。

石井哲也［2017b］，「私の視点　進むゲノム編集技術　法整備へまずは議論を」『朝日新聞』3 月23日15面。

石井哲也［2017c］，『ゲノム編集を問う——作物からヒトまで』岩波書店。

内田聖子［2017］，「RCEP で日本がアジア諸国への『脅威』に」『週刊金曜日』3 月17日号54頁。

大倉茂［2017］，「〈農〉をめぐる科学・技術と現代社会——緑の革命と遺伝子組み換え作物から考える」『環境思想・教育研究』10号90-95頁、環境思想・教育研究会。

尾崎望・藤本文朗編［2017］，『ベト・ドクと考える世界平和——今あえて戦争と障がい者について』新日本出版社。

粥川準二［2001］，『人体バイオテクノロジー』宝島社。

河田昌東［2012］，「環境を襲う GM ナタネの自生」『週刊金曜日』2 月 3 日号。

久野秀二［2002］，『アグリビジネスと遺伝子組換え作物——政治経済学アプローチ』日本経済評論社。

小島正美編［2015］，『誤解だらけの遺伝子組み換え作物』エネルギーフォーラム。

戸田清［1998］，「トリプトファン事件」生命操作事典編集委員会編『生命操作事典』緑風出版。

戸田清［2017］，「ネオニコチノイド系農薬について」戸田清『核発電の便利神話──3.11後の平和学パート2』長崎文献社。

バイオハザード予防市民センター［2003］，『教えて！　バイオハザード』緑風出版。

元木一朗［2011］，『遺伝子組み換え食品との付き合いかた──GMOの普及と今後のありかたは？』オーム社。

安田節子［2009］，『自殺する種子──アングロバイオ企業が食を支配する』平凡社。

「特集　ゲノム編集の現在」『科学』2016年12月号，岩波書店。

参考資料

「遺伝子組み換え食品いらない！キャンペーン」（http://www.gmo-iranai.org/）。

「遺伝子組み換え食品　厚生労働省」（http://www.mhlw.go.jp/stf/seisakun itsuite/bunya/kenkou_iryou/shokuhin/idenshi/index.html）。

「遺伝子組換え食品の安全性に関する審査」（http://www.mhlw.go.jp/topics/idenshi/anzen/anzen.html）。

印鑰智哉［2013］，「枯れ葉剤耐性遺伝子組み換え大豆にもの申す」『日刊ベリタ』11月14日（http://www.nikkanberita.com/print.cgi?id=20131114 2054244［2014年6月19日閲覧］）。

ウィキペディア「バイオセーフティレベル」

映画『世界が食べられなくなる日』（2012年）（アップリンク〔http://www.uplink.co.jp/sekatabe/〕）。

映画『モンサントの不自然な食べもの』（2008年）（アップリンク〔http://www.uplink.co.jp/monsanto/〕）。

厚生労働省食品安全部「遺伝子組み換え食品Ｑ＆Ａ」（2007年更新）（http://www.mhlw.go.jp/topics/idenshi/qa/qa.html）。

市民バイオテクノロジー情報室（天笠啓祐代表）（http://www5d.biglobe.ne.jp/~cbic/）。

食政策センター　ビジョン21（安田節子）（http://www.yasudasetsuko.com/vision21/index.html〔2017年4月10日閲覧〕）。

日本モンサント（http://www.monsanto.com/global/jp/pages/default.aspx）。

独立行政法人農業・食品産業技術総合研究機構 畜産草地研究所，ダウ・ケミカル日本株式会社［2009］，『アリルオキシアルカノエート系除草剤耐性トウモロコシ（改変 aad-1, Zea mays subsp. mays（L.）Iltis.）

（DAS40278, OECD UI：DAS-40278-9）及び（DAS40474, OECD UI：DAS-40474-7）の隔離ほ場試験の結果について』（平成21年度）（https://www.naro.affrc.go.jp/nilgs/gmo_nasu/files/2009hokoku.pdf〔2017年3月23日閲覧〕）。

バイオハザード予防市民センター（http://www.biohazards.jp/）。

「動物実験では遺伝子組み換え作物で若くして腫瘍発症。人間も同じに」遺伝子組み換え技術で生まれた子宮頸がんワクチンの危険性〜岩上安身による西尾正道氏インタビュー第三弾・前編（2015年5月9日）『IWJ Independent Web Journal』（http://iwj.co.jp/wj/open/archives/244874〔2017年3月23日閲覧〕）。

Benbrook, Charles［1999］, Ag BioTech InfoNet Technical Paper No1（河田昌東訳『1998年度，大学ベースの品種別栽培試験で得られた Roundup Ready 大豆の収量低下の程度とその結果』〔http://www2.odn.ne.jp/~cdu37690/benbrook.htm（2017年3月23日閲覧）〕）。

Gilles-Éric Séralini（https://en.wikipedia.org/wiki/Gilles-%C3%89ric_S%C3%A9ralini）.

Ignacio Chapela（https://en.wikipedia.org/wiki/Ignacio_Chapela）.

substantial equivalence（https://en.wikipedia.org/wiki/Substantial_equivalence）.

戸田清［長崎大学＝環境社会学，科学史］
天笠啓祐［フリージャーナリスト＝科学技術，環境問題］

3 非人道的兵器としての劣化ウラン弾

戦争と放射線被曝をめぐる生-政治

嘉 指 信 雄

1 サンデルに見る「壁の影」──戦争と道徳的ジレンマ

　日本においても「白熱教室」の名のもとに話題となった哲学者マイケル・サンデル（Michael Sandel）の人気は，その共同体主義的立場への共感によるものというよりは，むしろ，メディアを通じて，直接的討議の醍醐味を見事に演じてみせた教育的実践の成功によるものといえよう。しかしながら，サンデルの政治哲学や，とりわけ，広く読まれた『これからの「正義」の話をしよう』（以下，『正義』と略記）を評価するにあたり，その共同体主義的前提はあまり重要ではないということではなく，『正義』の枠組みそのものを規定している共同体主義的基盤がはらんでいる問題は，討議民主主義的実践の鮮やかさによって後景へと押しやられてしまっているが故に，見えにくくなってしまっているにすぎない。

　『正義』の特長の一つは──サンデルがアメリカの哲学者であるから，ある意味で自然なことではあるが──考察の対象となっている具体的ケースの多くはアメリカ社会に関わるものであることだ。しかしながら，その共同体主義的スタンスが具体的にはアメリカ社会に根ざしたものであり，その故に，限定された「生の様式」と「関心の地平」に規定されているという事実は，方法としての討議民主主義，あるいは理念として掲げられた「正義」の射程を考慮するにあたり，決定的意味をもってくる。

49

プラトンの『国家』のなかで，ソクラテスは一般市民を洞窟に閉じ込められた囚人になぞらえている。囚人には壁に揺らぐ影，つまり彼らが感知できない対象の反射したものしか見えない。この話では，哲学者だけが洞窟から明るい陽光のなかに出ていき，そこで現実に存在する物を見ることができるとされる。……

　プラトンが言いたいのは，正義の意味や善良な生活の本質を把握するには，先入観や決まりきった日常生活を乗り越えなければならないということだ。プラトンは正しいと思うが，それは一部にすぎない。洞窟の比喩には聞くべきところもある。道徳をめぐる考察が弁証法的プロセスを踏む——つまり具体的状況における判断と，そうした判断の土台となる原則の間を行ったり来たりする——なら，いかに偏っていて素朴なものだろうと，たたき台としての意見や信念が必要となる。壁の影を無視する哲学は，不毛のユートピアを生み出すにすぎない。

（サンデル［2010］42頁）

　『正義』の第一章「正しいことをする」結語近くでの言葉である。しかしながら，この著作を通読する時，多くの人は，サンデル自身の議論そのものが，小さからぬ「壁の影」に覆われているのを感じるのではないか。サンデルにおける最も大きな「影」の一つは，イラクやアフガニスタンにおける戦争に関連したケースの論じ方にかかっているといえよう。確かに，「パープルハート勲章にふさわしい戦傷とは？」や「アフガニスタンにおける羊飼い」といったセクションにおける分析自体は明晰なものであり，戦場で直面する「道徳的ジレンマ」や，「心理的トラウマも名誉の戦傷と見なされるべきか」をめぐる論争に含まれる複雑かつ微妙なポイントを鮮やかに描き出している。しかし人は，そうした分析が明晰であればあるほど，「こうした戦争そのものの道義的性格はどうなのだ？」と問わざるをえないのではないか。少なくともこの著作において，「アメリカの戦争」[2]そのものの道義性・正義は問題にされておらず，不問に付されているか，明示的ではないにせよ，事実として当然視されてしまっているように見え

る。一旦，戦争が始まり，戦場に送り出されれば，兵士は戦わざるをえず，様々な深刻きわまりない道徳的ジレンマに直面することとなろう。しかし，「テロとの戦い」の名のもと，「イラクによる大量破壊兵器保有」という正当化のもとに強行された「アメリカの戦争」に「正義」はあったのか。まさにそこにこそ，問題の根幹はある。しかし，その根幹はサンデル自身の影によって覆われ，視野の外に置かれてしまっている。こうした点があまり問題とされることなく，『正義』がベストセラーとなったという事実そのものに大きな問題がはらまれていると言わざるをえないだろう。こうした問題は，根本においては，攻撃を受苦する側の現実に十分な注意が向けられていないことに由来するものといえよう。これこそがサンデルの共同体主義的問いの枠組みそのものがはらむ限界，その「影」であるといえよう。

2　行為と受苦の断絶

「経験」は行為と受苦の連関として初めて成立するものならば[3]，戦闘行為，特に，近現代の武器システムによる攻撃行為においては，逆に，できるかぎり自らは影響・被害をこうむることなく対象に打撃を及ぼすこと，つまり，行為と受苦の間に断絶を保つことこそが肝要であるという意味において，「経験」が成立しないことこそが目指されているといえる。

短いながらもスペイン市民戦争に参加し，少年兵でさえ銃を手にしたとき，たちまちにして権力的な振る舞い方をし始めることを目撃したシモーヌ・ヴェーユ（Simone Weil）は，異なる文脈ではあるが，次のように書いている——

　　人間と人間自身，人間と事物のあいだに均衡を探し求めること。
　すべての均衡が損なわれている。例えば，労働とその結果のあいだ。
　投機は間接的に農民層まで腐敗させてしまった……。
　　もはや行動と行動の結果とのあいだに，感じ取ることができる関係

は存在しない。……（ヴェーユ［1998］115頁）

　これは，武器を媒介とした他者関係である戦闘行為，とりわけ，軍事的目的には釣り合わない過度な被害を引き起こしてしまう“非人道的”兵器の使用にこそあてはまる観察である。戦争における攻撃において，多くの場合，被害をこうむる側，受苦を強いられる側の現実は過小評価されるか，隠蔽されてしまう。[4]行為の帰結は，軍事的意味にのみ縮減されてしまいがちだ。必要なのは，「軍事的意味に縮減されてしまう経験の意味」を，受苦する者の立場から捉え直すこと——さらには，そうした試みによっても容易には架橋しがたい断絶，つまり，攻撃する者とその行為の帰結である「受苦の経験」の間に広がる断絶にこそ注意を向け続けることであろう。残念ながら，サンデルの『正義』にこうした視点を見出すことはあまりできない。

　しかし，いかなるものであれ共同体主義的議論は，その本質からして，自らの他者に対して盲目となる危険性が強い，あるいは，そうした自らの盲目性に対する反省への契機が弱いといえよう。なぜなら，そもそも共同体主義的立場において問題とされるのは，主として，特定の共同体において重視される価値・理念と，そのメンバーの生・行為との関係であり，共同体の外部・他者は，おのずから，その関心の地平の彼方に位置づけられる。関心の中心へと前景化することがあったとしても，それは多くの場合，紛争・問題状況における「共同体の敵」としてである。もちろん，共同体主義的立場は，自らの外部・他者への開かれた眼差しを決して持ちえないということではない。しかし，そのためには，「共同体」概念そのものの拡大・変容，あるいは，自らの「共同体」概念を対象化する批判的視座の組み込みが必要となろう。

3 グローバル・リスク社会の到来
──「富の追求」から「安全の確保」へ

　また，『正義』において示唆された「共通善に基づく新たな政治」の展望において主題化されていない最大の問題の一つは，「グローバル・リスク社会」における社会正義の変容であろう。

　1986年に起きたチェルノブイリ原発事故直後に出版された『リスク社会──新しい近代への道』において，ウルリッヒ・ベック（Ulrich Beck）は，国民国家を枠組みとする「第一の近代」においては，富の分配の「平等」が社会正義の理想とされるが，科学技術の飛躍的発展，国境を越えた資本・商品・人の移動によって駆動された「第二の近代」においては，不可避的に生み出されるグローバル・リスクのもと，「安全」をいかに確保しうるかが，社会正義の中心的関心となると指摘した。

> 　公式化して言えば，貧困は階級的で，スモッグは民主的である。近代化に伴うリスクの拡大によって，自然，健康，食生活などが脅かされることで，社会的格差や区別は相対的なものとなる。このことからさらに，様々な結論が導き出される。とはいえ，客観的に見て，リスクは，それが及ぶ範囲内で平等に作用し，その影響を受ける人々を平等化する。リスクのもつ新しいタイプの政治的な力は，まさにここにある。
>
> 　この意味では，リスク社会は決して階級社会などではなく，そのリスク状態を階級の状況として捉えることはできない。リスクの対立を階級の対立として捉えることもできない。（ベック［1986］51頁：傍点筆者）

　リスクを政治としてどう表現すべきかまだ定まっていなくても，リスクのもつ政治的な帰結が多義的であるとしても，社会が階級社会からリスク社会へと移行するとき，共同体の質も変わり始める。図式化すると，近代におけるこの二つの社会には，それぞれ全く異なった二つ

の価値体系が見られる。階級社会の発展力は，平等という理想とつね
に関わっている。……しかし，リスク社会においては，このような価
値体系を見られない。リスク社会の基礎となり，社会を動かしている
規範的な対立概念は，安全性である。リスク社会には，「不平等」社
会の価値体系に代わって，「不安」社会の価値体系が現れる。平等と
いうユートピアには，社会を変革するという，内容的にも積極的な目
標が多い。一方，安全というユートピアは消極的で防御的である。こ
こでは，「良いもの」を獲得することは，もはや本質的な問題ではな
い。最悪の事態を避けることだけが関心事となる。（ベック［1986］75
頁：傍点筆者）

　しばしば指摘されるように，「リスク」という言葉の源となっているラ
テン語の動詞 "riscare" は，船乗りたちが，利益をもたらす可能性のある
航路を拓り開くため，危うい岩礁の多い難所を敢えて通過しよう試みるこ
とを意味していた。したがって語源的に「リスク」という言葉は，ただ単
に「危険」を意味するのではなく，危険が伴うことを十二分に承知した上
で，利益を得んがため，ある仕方で「敢えて行為する」ことを意味する[6]。
この意味において，原子力発電は，まさに比類なき「リスク」である。し
かし，それに伴う危険はあまりに大きく，地球にとって，人類にとって，
文字どおり取り返しのつかないものとなりうることを，人々は東電福島第
一原発事故によって改めて思い知らされた。

　ベックが挑発的に対比してみせたように，そして，日本全国が破局の悪
夢に包まれた，原発事故直後の危機的状況が際立たせたように，グローバ
ル・リスク社会においては，「共同体」の規模・性格とともに，人々にと
っての最も差し迫った関心事や価値の布置も大きく変容するが，依然とし
て「第一の近代」も「第二の近代」と同時並行的に，複雑に絡み合った形
で存在するため，「富の追求」と「安全の確保」という異なる価値・目標
の間の調整が焦眉の課題となる。比較的最近の事例でいえば，「われわれ
は99パーセントだ」というスローガンのもと，格差拡大への不満が爆発し

た「占拠（occupy）運動」が示しているように，「第一の近代」の主要問題は，グローバル・リスクによって特徴づけられる「第二の近代」においても軽減・解消されるどころか，一層深刻なものとなりつつあるし，グローバルな温暖化の原因とされる二酸化炭素の排出規制をめぐる先進国と他の国との間の確執が示しているように，「第一の近代」と「第二の近代」の並存・絡み合いこそが，それぞれの問題の解決を一層困難なものとしている。

　また，原発事故によって引き起こされる放射能汚染は，大気や土壌，それに食物連鎖を通じて，最終的には地球上のあらゆる人間・生物が曝されることになるが，他方，発展と豊かさを追求した「第一の近代」が生み出した最たるものといえる原子力発電は，よく指摘されるように，「電力を享受する都会」と「原発が立地する地方」の間の地域格差，あるいは，現場で過度の被曝を強いられる原発労働者の存在が象徴する重層的差別の構造によってこそ成り立っている（高橋［2011］）。ベックは，「第一の近代」から「第二の近代」への移行における中心的価値の変容を「平等から安全へ」と特徴づけているが，グローバル・リスク社会においても——「持続可能な発展」という標語が象徴するように——「富の追求」という目標が消え去ったわけでもなく，また，「安全・保存」がグローバルな共通の価値となったからといって「差別・格差」の問題が軽減されたわけでもない。わたしたちは，「富の分配における平等」と「安全における平等」をいかにしてともに実現しうるかという，新たな複合的課題に直面しているのだ。しかし，リスク社会における正義は，リスク社会を生み出した「第一の近代」，つまり，富と発展の追求を目標とした文明のあり方を，第二の近代が新たにつきつける危機の視点から抜本的にとらえ直し，変革することなしには達成できないであろう。

4　放射線リスクをめぐる生-政治

ミッシェル・フーコー（Michel Foucault）が，近代における監獄，病院，学校などの諸制度の分析を通じて鮮やかに示した「生-権力」概念は，社会的空間における可視的身体の配置・規律・管理に照準したものであったが，晩年に提示された「生-政治」概念は，個人の身体ではなく，統計的にのみ対象化しうる「人口」動態——出生率，死亡率，疾病率などの変化——と不可分な諸問題の「統治性」を主題化するものであった。それは，たとえば，天候に左右される食料需給問題や，検疫網も役に立たないウィルス感染病問題に代表されるように，"生命的"身体が，集団として，自然環境のただ中で直面するリスクを統計的に考慮に入れ，「安全（セキュリティ）」をできるかぎり確保することを目指す様々な「統治の技法」を，法的支配とも規律権力とも異なる，近代国家における「国家理性」の実質として際立たせるものである。しかし重要なのは，こうした「統治の技法」は，根本的には予測不可能な自然，つまり，最終的には「統治しきれないもの」を対象としており，完全に成功することはないものと了解されていることだ（フーコー［2007］）。

いうまでもなく，こうした「生-政治」概念は，少子高齢化問題のみならず，東日本大震災以降，改めて焦点となった「防災から減災へ」といった問題意識も先取ったものとなっている。フーコーの理解によれば，「生-政治」は，ともに「統治しきれないもの」である自然環境と身体との関係に関わるものであるが，水や空気，土壌といった自然環境全体を汚染してしまうとともに，生命的身体の自己産出能力を支える遺伝子を傷つけてしまう放射能のリスクをめぐる問題は，現代における「統治性」をめぐる問題，その矛盾の中核に位置づけられよう。以下，「生命的身体の安全としての正義」の観点から，「核時代の生-政治」の具体的有り様に光をあててみたい。

非可視・非可感の放射線をめぐる諸問題，とりわけ放射線被曝安全基準
をめぐる問題は，「非可視の現実の統計学的構築」及び「健康へのリスク
の解釈」をめぐる問題であるが，フーコーの「生-政治」概念とも連なる
ような形で「リスク」概念に光をあてたベックは，チェルノブイリ事故直
後の状況を回顧して次のように語っている──

　　五感は役に立たなかったし，第六感などというものはありませんでし
　　た。最初のショックの核心は，こうした文化的盲目にあったと思いま
　　す。私たちは，突如，肉体的には知覚できず，媒介されて初めて，つ
　　まりメディアを通じてのみ経験されうる危険に曝されたのですが，そ
　　れは，相互に矛盾する専門家の発言を通じて，ということを意味しま
　　した。……私たちは，絶えずお互いに反駁し合っている専門家や諸組
　　織の糸につながれた操り人形のように感じました。（Beck and Willms
　　［2004］p. 117：傍点筆者）

　　リスク・コンフリクトの真っただ中で聞かされるのは，競合し合う理
　　論なのです──それらの多くは，ずっと前から存在していて，危険を
　　警告してきたものの無視されてきたものです。その結果，例えば，因
　　果的連鎖はいかなるものかとか，影響を受けるのは誰なのか，といっ
　　たリスクの定義をめぐって闘いが生じます。（ibid., p. 124）

　これはまさに，東電福島第一原発事故以降，日本で起きていることであ
る──あたかもベックは，現在の日本の状況についてコメントしているか
のようだ。リスク社会が引き起こす「価値の重心の移行」とともに，「生
命的身体の安全」という観点から社会正義を再考・翻訳することが不可欠
となるが，ポスト・ヒロシマ時代においてそれは，放射線リスクに特有な
「見えにくい受苦の経験」を基軸として現実の構造を根底から捉えなおす
ことの必要性を意味する。そしてそれは，ベックが指摘するように，「放
射線リスクの定義」をめぐる政治的・科学的闘いに市民社会が巻き込まれ
ざるをえないことを意味する。

　本稿の後半では，ポスト・ヒロシマ時代の生世界を根底で規定している

「パワー／権力」の在り方，その「見えるものと見えないもの」の一端を，いわゆる"非人道的"兵器と呼ばれる兵器の中でも，1991年の湾岸戦争以降，放射性物質を用いた兵器として論争の的となった劣化ウラン兵器問題を手がかりとして検討してみたい。

5 "非人道的"兵器

　人類の歴史は，石器時代から現代にいたるまで，武器の発展の歴史でもあり，新たな武器の開発が新たな時代の展開をかなりの程度まで駆動してきたが，現代に入り大量殺傷能力をもった兵器が現れるや，ようやく，"非人道的"兵器（inhuman weapons）という，きわめて奇妙な概念のもと，戦場において使用しうる兵器の種類を限定しようとする動きが出てくる。"非人道的"兵器とは，国際人道法上の概念であるが，約言すれば，「軍事的目的と釣り合わない過度の被害や不必要な苦痛」を及ぼしたり，「兵士と市民の区別を問わない無差別的被害」を引き起こす可能性のある兵器のことである[7]。

　この"非人道的"兵器という奇妙な概念は，かたや，人を殺せば罪に問われる日常の生世界と，かたや武器をもって人を殺し，破壊することが戦闘行為として認められる戦場の生世界という，「多元的現実」の異なる領域をかろうじてつなぐ，いわば「蝶つがい[8]」として機能しているのであり，いわゆる日常の生世界の意味秩序や倫理の限界を浮かび上がらせているといえよう。"非人道的"兵器という概念の奇妙さは，とどのつまり，現代世界における「多元的現実」がはらむ根本的な矛盾・奇妙さに由来し，それを象徴するものなのだ。

6 「ポスト・ヒロシマ時代」という制度[9]

> ……われわれが制度化ということで考えているのは，ある経験に，それとの連関で一連の他の諸経験が意味をもつようになり思考可能な一系列つまりは一つの歴史をかたちづくることになる，そうした持続的な諸次元を与えるような出来事——ないしは，私のうちに残存物とか残滓としてではなく，ある後続への呼びかけ，ある未来の希求としての一つの意味を沈殿させるような出来事——のことである。（メルロ＝ポンティ［1979］44頁）

後期モーリス・メルロ＝ポンティ（Maurice Merleau-Ponty）の哲学で中心的な役割を演じる，こうした「制度／制度化（institution）」概念を援用するならば，広島・長崎への原爆投下という歴史的出来事は，それ以降の出来事や営みの多く，ひいては人間と生世界の在り方が，無意識的にせよ，それとの関連において意味を帯びることとなる「基点」として機能しているという意味において，ポスト・ヒロシマ時代という「制度」の基点となっているといえよう。

しかしながら，この「基点」の出来事がはらむ歴史的意味の全幅は，それほど見えやすいものではない。原爆投下という出来事が「表象の限界」にあるだけではなく，広く「ピカ・ドン」の表現で知られる，凄まじい放射線や熱風による殺戮・破壊だけでなく，いわゆる残留放射能や内部被曝による被害を長期間にわたって引き起こすこととなったからである。しかし，こうした低線量被曝による影響は，原爆症認定集団訴訟においてもずっと過小評価あるいは無視されてきた。

いわゆる「被爆者援護法」によれば，たとえ被爆者がガンのような重い病にかかっていても，特別な医療支援を受けるためには，厚生労働省から「原爆症」だと認定される必要があり，2003年までに，こうした原爆症認定を受けた人は2,200人ほどにすぎなかった。原爆投下直後における外部

被曝の推定線量に基づいて認定基準が設定されていたからだが，ついに2003年，こうした状況に憤った被爆者たちが，日本政府を相手取って提訴。原告の数は306人にのぼり，17の都市で集団訴訟が開始された。2009年5月までに結審した全ての訴訟において国が敗れ，197人が「原爆症認定」を勝ち取った。そのため政府は，残留放射能や内部被曝も考慮に入れるべく認定基準を緩和せざるをえなくなった。具体的には，爆心地から半径3.5km以内で被爆した人たちや，投下後100時間以内に半径2kmの地域に入った，いわゆる「入市ヒバクシャ」の人たちにも，原爆症認定の可能性が開かれたのだ。

こうした基準の緩和は一定の前進とはいえるが，実際には期待されたほどの結果をもたらしていないようだ。実際には，改定後，認定率は下がっており（大野［2010］），熊本県の被爆者7人が申請却下処分の取り消しを求めた訴訟の口頭弁論（2011年11月19日）において，「国側は被爆者の内部被ばくの影響は重視する程度のものではないと主張。これに対し原告側は『内部被ばくの影響を無視した原爆症認定審査は相当でない』とした2009年5月の東京高裁判決を示し『たとえ通らなくても同じ主張を繰り返すのは（現在進行形の）福島第一原発で働く労働者や周辺住民が受ける健康被害への賠償を最小限に抑えたいがためではないか』と反論した」と報じられている（澤本［2011］）。

7　国際的な原子力ムラ

チェルノブイリ原発事故に関しても，低レベル放射線・内部被曝による被害は，WHO（国際保健機関）やIAEA（国際原子力機関）によってはなはだしく過小評価されてきている。2005年に両機関が共同で発表した報告書によれば，チェルノブイリ事故が直接の原因となった死者は43人で，ガン死亡者も4,000人ほどにすぎないことになっている。こうした過小評価は，いわゆる「原子力の平和利用」を推進するためには，できるかぎり，

放射線リスクを「見えない」ようにしておく必要から由来するものだ。しかしながら，ヘレン・カルディコット（Helen Caldicott）博士などによって指摘されているように，かつては WHO も，放射線の有害な影響についてもっと直截に警告を発していたものだった。しかし，1959年，WHOと IAEA の間に協定が締結され，WHO は，原発関連の健康問題については，IAEA から事前に了解を得ることなしに独自に調査・研究ができないことになってしまったのだ（Caldicott［2011］）。

　こうした IAEA–WHO 協定（Agreement WHA 12-40）に放射能被害問題の一つの元凶を認めたヨーロッパの NGO が集まって，「For Independence of WHO（WHO の独立のために）」という名の NGO 連合体が結成され，2007年以来，ジュネーブの WHO 本部前での抗議行動などに取り組んできているが，彼らは，福島原発事故から間もない2011年５月，WHO のマーガレット・チャン事務局長と面談することに成功し，「IAEA–WHO 協定」の撤廃などの組織改革を求めた。チャン事務局長は，問題の「協定」が WHO の束縛となっているとは認めなかったが，「チェルノブイリ事故による直接的犠牲者の数が，IAEA–WHO 報告が言うように50人ほどにすぎないとは信じていない」と述べた[11]。さらに，現在，ジュネーブの WHO本部には，放射線被害に関する専門職員は１人しかおらず，予算削減などの理由で部局復活の予定もないということが明らかとなった[12]。もともと，WHO 本部の放射線健康局には数名の専門科学者しか配属されていなかったのだが，2009年に，「産業界との癒着が疑われた局長が退任した後，組織自体が解体された」とのこと。「IAEA –WHO 協定」による制約云々の前に，そもそも，放射線被害問題に取り組むことのできる人的・組織的態勢が WHO にはないということになる。まさに驚くべき事実であるが，IAEA に働いている核問題専門家の数と対比すると，私たちが生きている核・原子力体制の在り方を象徴するものと言えよう——私たちは，原子力発電促進には熱心だが，放射線リスクに対しては無防備な国際社会に生かされているのだ。

8 放射性廃棄物の軍事利用——劣化ウラン兵器

　核サイクルは，ウラン採掘から核兵器製造・原子力発電，そして放射性廃棄物処理にいたる，その全過程が甚大なリスクを伴うものであるが，放射性廃棄物の軍事利用である劣化ウラン兵器は，核サイクルがはらむ無理と矛盾の帰結の一つといえよう。

　いわゆる劣化ウラン（Depleted Uranium：DU）は，核兵器や原発に必要な濃縮ウランを作った後に残る放射性廃棄物である。すでに世界全体では150万 t を越すといわれる途方もない量の核廃棄物を，どう処理したらよいかが大問題となっているのは周知のところだ。アメリカでは1950年代から研究が始められ，考案された一つの用途が兵器への利用である。DU は大変硬くて重いため，対戦車砲弾の先端に用いる貫通体として「理想的」だと見なされたのだ。しかも廃棄物であり，軍需産業は事実上無償で入手できる。

　しかし DU は衝突すると自然燃焼して，かなりの部分が微粒子となって大気中に拡散する。化学的毒性も高く，放射能も天然ウランの約60％を有し，その半減期は45億年。DU 粒子がさまざまな細胞の中に入り込んでしまうと，周囲の細胞はアルファ線を浴びせ続けられ，内部被曝を被る。また不発弾は腐食して大地を汚染する。アメリカ軍は，湾岸戦争では，約300g の DU を含む30mm 砲弾を約80万発使用し，計300t を超える DU が環境中に撒き散らされた。アメリカは，NATO 軍として参加した旧ユーゴ戦争において，さらにはイラク戦争でも国際世論の非難にもかかわらず劣化ウラン弾（DU弾）を投入しているが，このような，取り返しのつかない環境破壊や健康被害を引き起こしうる兵器を使用した戦争が，どうして，「イラクの人々のための戦争」と正当化できようか。劣化ウラン問題を視野に入れるとき，サンデルの共同体主義的議論の枠組みは，「アメリカの他者」の受苦の経験に対してはおおむね盲目であるという意味におい

て，いかに大きな倫理的問題をはらんでいるか，改めて浮き彫りになろう。

　DU弾が使用された戦場のみならず，世界各地の演習場周辺，米国内の製造工場周辺からは，ガンや先天性異常などの増加が報告されており，DU弾は無差別的な被害を人体や環境に及ぼしうる非人道的兵器として論争の的となってきている。しかし，DU問題に関しては，国連総会決議が2007年に初めて採択され，2008年以降も２年おきに計６回の決議が圧倒的多数で採択されてきているが，その内容は，端的に禁止を求めるものではなく，基本的には，加盟各国および関連機関に当該問題に関する意見をもとめるとともに，今までに使用された地域における除染作業などの必要性を訴えるに留まっている。"非人道的"兵器という国際人道法上の概念には，戦争を違法化できないとしても，少なくとも戦争で使用できる兵器は限定しようとする国際社会の総意，あるいは「正義の臨界」が表われているが，環境中に大量の放射性廃棄物を拡散することなど言語道断であるといった常識，あるいは，取り返しのつかない害を及ぼすリスクがある場合は使用を差し控えるべきであるとする「予防原則」が，国際政治の現場では簡単に受け入れられないのである。放射線リスクを軽視しようとする態勢は，劣化ウラン兵器問題においても貫徹されているといわざるをえない。[13]

9　「不必要な放射線被曝なしに生きる権利」

　2011年の3.11以降，反核運動に携わってきた人々の多くは，核兵器問題に焦点を絞ってきたスタンスを再検討し，改めて，ウラン採掘現場から放射性廃棄物へと至る「核利用のプロセス」全体を問い直す必要を痛感させられた。そうした根本的な自己批判的反省を踏まえた取り組みの一つとして，2015年11月，「世界核被害者フォーラム」が広島で開催された。広島や長崎，チェルノブイリや福島，アメリカ西部や南太平洋の旧核実験場周辺，アメリカ・オーストリア・インドなどのウラン採掘現場周辺の被害者たちに加え，科学者，法律専門家，運動家など，50人ほどの関係者が報告

し，「グローバル・ヒバクシャ」の実態や，放射能の人体への影響に関する最新の科学的知見を共有し，今後の国際的ネットワーク形成の促進に向けて熱のこもった討論が交わされた。そして，3日間にわたった会議の最後では，「不必要な放射線被曝なしに生きる権利」という新たな人権概念の確立を訴えた「世界核被害者の権利憲章」要綱草案を盛り込んだ「広島宣言」が採択された。[14]

　しかしながら，福島原発事故後，いち早く脱原子力を選択したドイツなどを除いて，インド，中国，アラブ世界などではさらなる原発の計画・建設が押し進められている。[15]また核兵器に関しても，禁止条約締結へ向けた検討が国連においても開始されたものの，米ロを中心とした体制が大きく変わる兆しはない。それどころか，トランプ大統領は核兵器体制における優位を維持する姿勢を打ち出し，瀬戸際に立たされた北朝鮮は核実験を重ねている。加えて，アメリカ空軍は，シリアにおいて劣化ウラン弾は使用しないと表明していたにもかかわらず，2015年11月，対IS攻撃で劣化ウラン弾を5,000発以上使用していたことが，2017年2月報じられた。[16]すでに述べたように，A-10攻撃機が発する30mm砲弾には約300gの劣化ウランがふくまれている。大量の放射性廃棄物を自然環境中にばらまくこうした愚行，当然のことながら自国領土においては違法行為となる，ダブル・スタンダードの「正義」の使い分け以外の何ものでもないこうした蛮行には，いつになったら終止符が打たれるのだろう。「不必要な放射線被曝なしに生きる権利」が，「人権概念」の遅ればせながらも自然な展開として見なされる日はいつ訪れることだろうか。

　ハンナ・アーレント（Hannah Arendt）は，「出生（natality）」の名のもと，この世界に生まれ出て来る一つひとつの生とともに出現する新たな自由，「新たに始める力」を称えたが，核時代の生は，まさに無限の産出性を有するが故に最も傷つきやすい「出生」の源において，放射線リスクという眼に見えない脅威に曝されている。しかし，アーレントが自由の尽きることなき源をそこに見た「出生という奇蹟」を守るため，「放射線リス

クをめぐる生-政治」の実態と矛盾が直視されなければならないだろう。

注

  * 本稿は，嘉指信雄［2010］「被曝身体とパワー／権力―ポスト・ヒロシマ時代の「見えるものと見えないもの」」の一部を組み込み構成されたものである。
  1 原題は，*Justice: What's the Right Thing to Do?*
  2 この違いは，たとえば，映画『ソフィーの選択』に描かれた，強制収容所送りに息子と娘のどちらかを選ぶようナチス将校に強いられた母親が経験するジレンマ・トラウマと，ナチス支配そのものの問題性の違いに対応する。
  3 西田幾多郎の「行為的直観」概念も同じ視点をもつが，現象学とは異なる思潮でも，「行うこと（doing）と被ること（undergoing）の連関としての経験」概念を強調した哲学者にジョン・デューイ（John Dewey）がいる。
  4 しかしながら，攻撃する側が攻撃対象との間にいかに距離を取ろうとしても，多くの場合，戦場での行為は攻撃する者自身の存在を決定的な形で変容させずにはいない。いわゆる PTSD（心的外傷後ストレス障害）をもたらさない場合でも，兵士の多くは，日常の生世界に戻って行くとき，様々な困難に直面する。参照：シュッツ［1997］。
  5 原題は，*Risikogesellschaft* であり，訳としては，「危険社会」ではなく「リスク社会」が相応しいであろうから，本稿においては，『リスク社会』と表記することとする。
  6 この意味は，英語の"risk"の動詞形にも保持されている。
  7 いうまでもなく，2017年7月に禁止条約が採択された核兵器，あるいは，すでに禁止条約が成立している生物化学兵器，対人地雷やクラスター爆弾などが含まれる。毒ガスなどの「使用」は1925年のジュネーヴ議定書によって禁止されているが，開発，製造，貯蔵は禁止の対象となっていなかったため，第二次世界大戦中および戦後の冷戦期に東西両陣営によって開発，製造が進められ，国際的問題として認識されるに至った。その結果，生物兵器禁止条約が1972年に調印開始，1975年に発効し，化学兵器禁止条約は，1993年に調印，1997年に発効。対人地雷は，1997年に調印，1999年に発効し，クラスター爆弾は，2008年に調印，2010年に発効している。周知のように，2017年7月には，核兵器禁止条約が成立

したが，その国際的実効性の実現には，ほかの兵器の場合とは次元を異にする取り組みが必要となろう。

8　「回転軸（pivot）」などとともに，後期メルロ＝ポンティにおける鍵概念の一つであり，元来は，「感じるもの」と「感じられるもの」の両面を有する身体の反転可能性による感性的世界成立の機序を意味する。参照：メルロ＝ポンティ［1989］。

9　参照：Kazashi［2012］。

10　「WHO の独立のために」は，IPPNW（核戦争防止国際医師会議）なども含む，主に欧州に拠点を置く約40の NGO の連合体（http://www.independentwho.info/）。

11　http://www.independentwho.info/Presse_ecrite/11_05_05_IPS_EN.pdf

12　「WHO：放射線被害の専門部局を廃止」『毎日 jp』2011年 9 月18日付。

13　イラク戦争からすでに15年近くが経とうとしている。福島原発事故の経験を踏まえ，劣化ウラン弾問題を「核サイクル」問題の一環として今一度捉え直す必要があろう。劣化ウラン弾問題及び禁止国際キャンペーンについては，嘉指・森瀧・豊田［2013］を参照。

14　筆者も共同代表の一人として携わったこの国際フォーラムは，原爆投下70周年に際して，日本国内の多くの NGO や一般市民からなる実行委員会によって企画・組織されたものであり，開催に必要な資金のすべては寄付でまかなわれ，延べ参加者数はおよそ1,000人にのぼった。プログラムの詳細および「広島宣言」全文（日英）については，次のホームページを参照されたい（http://www.fwrs.info/）。

15　資源エネルギー庁の資料「世界における原子力発電の位置づけ」（平成25年 8 月）は，「世界の原子力平和利用の動向」と題された冒頭のセクションにおいて，「IEA［国際エネルギー機関］の見通しでは，世界の原子力発電所設備容量は，2035年までに2010年比で約50％増加。100万 kW 級の原子力発電所で換算して，394基から，580基程度に増加」と推計している（http://www.cas.go.jp/jp/seisaku/genshiryoku_kaigi/dai3/siryou1.pdf）。

16　『ワシントンポスト』（オンライン版，2017年 2 月16日付）の記事を参照。タイトルは次のとおり。"The Pentagon said it wouldn't use depleted uranium rounds against ISIS. Months later, it did—thousands of times." また，より詳細な情報は，ICBUW（International Coalition to Ban Uranium Weapons）のホームページを参照されたい（http://www.bandepleteduranium.org/）。

参 考 文 献

Beck, Ulrich [1986], *Risikogesellschaft auf dem Weg in Eine Andere Moderne*, Suhrkamph（東廉・伊藤美登里訳 [1986]，『危険社会——新しい近代への道』法政大学出版局）.

Beck, Ulrich and Johannes Willms [2004], *Conversations with Ulrich Beck.* Cambridge, UK: Polity Press.

Caldicott, Helen [2011], "How nuclear apologists mislead the world over radiation," The Guardian, April 11（http://www.guardian.co.uk/environment/2011/apr/11/nuclear-apologists-radiation）.

Foucault, Michel [2007], *Sécurité, Territoire, Population: Cours au Collège de France, 1977-1978*, Paris: Seuil.（高桑和巳訳 [2007]，『ミッシェル・フーコー講義集成〈7〉安全・領土・人口（コレージュ・ド・フランス講義1977-78)』筑摩書房）.

Kazashi, Nobuo [2012], "The Invisible 'Internal' Radiation and the Nuclear System: Hiroshima-Iraq-Fukushima," *Ethics, Policy and Environment*, Vol.15, issue 1, 2012. New York: Routledge.

Merleau-Ponty, Maurice [1964], Le Visible et l'Invisible suivi de Notes de travail, Édition de Claude Lefort, Paris：Gallimard（滝浦静雄・木田元訳 [1989]，『見えるものと見えないもの』みすず書房）.

——— [1968] *Résumés de cours. Collège de France, 1952-1960.* Paris: Les Éditions Gallimard（滝浦静雄・木田元訳 [1979]，『言語と自然——コレージュ・ドゥ・フランス講義録1952-60』みすず書房）.

Sandel, Michel [2010], *Justice:What's the Right Thing to Do?* New York: Farrar, Straus and Giroux（鬼澤忍訳 [2010]，『これからの「正義」の話をしよう——いまを生き延びるための哲学』早川書房）.

Schutz, Alfred [1976] The Homecomer, *Collected Papers II: Studies in Social Theory*, edited and introduced by Arvid Brodersen, The Hague: Martinus Mijhoff.（櫻井厚訳 [1997]，「帰郷者」『現象学的社会学の応用』御茶の水書房）.

Weil, Simone [1970], *Cahiers. I*, nouvelle éd, Paris: Gallimard（山崎庸一郎・原田佳彦訳 [1998]，『カイエ I』みすず書房）.

大野ひろみ [2010]，「原爆症認定率急落：なぜ基準・判決にも反する却下」『しんぶん赤旗』（10月19日付）。

NO DU ヒロシマ・プロジェクト／ICBUW 編集，嘉指信雄・振津かつみ・森瀧春子編 [2008]，『ウラン兵器なき世界をめざして——ICBUW の挑

戦』合同出版。

嘉指信雄［2010］，「被曝身体とパワー／権力——ポスト・ヒロシマ時代の「見えるものと見えないもの」『現代思想（特集：現象学の最前線——間文化性という視座）』Vol.38-7，青土社，174-185頁。

嘉指信雄・森瀧春子・豊田直巳編［2013］，『終わらないイラク戦争——フクシマから問い直す』勉誠出版。

澤本麻理子［2011］，「原爆症認定訴訟：原告側，内部被ばくの危険性訴え——地裁／熊本」『毎日新聞』（11月19日付）。

高橋哲哉［2012］，『犠牲のシステム　福島・沖縄』集英社。

［神戸大学＝現代哲学・比較思想］

4 飢えのない平和な世界の構築を目指して

化学者の立場から見た構造的暴力としての農薬問題

田 坂 興 亜

1 化学兵器「サリン」との出会い

1994年6月28日，長野県松本市で7人が死亡，58人が入院という事件が起きた翌日，朝日新聞のT記者から電話があり，「被害者を診察した医療機関では，アセチルコリン・エステラーゼという酵素の活性が非常に低くなっていることから有機リンによる中毒と思われるが，有機リン系の農薬だとしたら，何が考えられますか？」という問い合わせがあった。私はとっさに「現在日本で使われている有機リン系農薬で，2階，3階の人たちがすぐ死ぬようなものは考えられないので，有機リン系農薬開発の淵源となったサリンとか，タブンといった毒物が使われたのかもしれません。」と答えたのであった。「サリン」のような毒物の可能性を考えたのには，次のような根拠があった。

ICU（国際基督教大学）の一般教育の授業「自然の化学的基礎」で使っていた教科書の中の有機リン系農薬についての記述の中で，「有機リン酸エステルは，人間および野生動物にも急性中毒を引き起こさせる。この性質は，有機リン酸エステルを，神経ガスとして，開発させることになった。軍事目的への化学の応用についてのこの忌まわしい事実を人々はほとんど知らされていない」という説明に続いて，（原本では）サリンの構造式を伴った紹介が記載されている。

もう一つの根拠は，私がフルブライト奨学資金で留学したニューヨーク州立大学の大学院で研究テーマとしていたのが「有機リン化合物」であったので，実際のちに明らかとなったオウムの科学者が行った５段階のサリン合成のプロセスのうち，最初の２段階は，私自身も行ったことのある化学反応であった（もちろん，私が行っていたのは，サリン合成を目的としたものではなかったが！）。

　さらに，有機リン系の農薬については，たとえばアメリカやオーストラリアから輸入されている小麦を分析して，有機リン系の殺虫剤であるマラチオン，スミチオン，レルダンなどが含まれていることを見出していたので，どのような有機リン系農薬が使われているのか知っていたのである。

2　毒ガス兵器の開発に関わった科学者たち

　サリン（SARIN）という名前には，Schrader，Anbros，Ritter，von der Linde という４人のナチス政権下で毒ガス兵器の開発に関わった科学者の名前の頭文字が用いられているといわれている。これら３人の科学者のうち，Schrader は，開発した毒ガスが人を殺すだけでなく，虫を殺すことができることから，Schradan という名前の有機リン系農薬（殺虫剤）を開発した。しかし，この農薬は，あまりに急性毒性が高く，広く使われるには至らなかった。有機リン系の農薬の問題点については，後述するとして，ここでは，毒ガス兵器の開発と科学者の関わりについて，その歴史と，日本の科学者の関わりについても触れたいと思う。

　古川安著『科学の社会史[2]』によると，窒素と水素から直接アンモニアを合成する方法を開発した功績でノーベル賞を授与されたドイツの化学者フリッツ・ハーバー（Fritz Harbar）は，第一次世界大戦のときに，毒ガス兵器の開発に関わり，実際に戦場で塩素を用いたことが記録されている。塩素が最初に用いられた第一次世界大戦の戦場となったベルギーのイープルに，「戦争博物館」があり，そこには化学兵器として用いられた塩素の

写真1　イープルの「戦争博物館」

錆びたボンベが展示してある。また，風上から塩素ガスを噴射されて，塹壕の中でこれを浴びた兵士たちが捕虜となり，視力を失ってしまったために，数珠つなぎにされて行進させられてゆく様子が写真で展示されていた。

　日本でも，大学の科学者が関わって，さまざまな化学兵器が開発され，中国戦線で用いられたばかりでなく，中国人の捕虜を用いて，化学兵器の人体実験まで行われたことが『毎日新聞』の夕刊に1995年の4月から10月にかけて「化兵の砦」と題する連載として掲載された。中国戦線で日本の陸軍がイペリットやマスタードガスといった各種の化学兵器を用いたとき

4　飢えのない平和な世界の構築を目指して　　71

には，まだサリンは開発されていなかったが，イペリットなどの化学兵器が，中国軍の兵士だけでなく，多くの住民に対しても用いられた。どれだけ多くの人々が激しい苦しみの末に死んでゆくという悲劇が繰り返されたかが，この連載記事から読み取れるのである。しかも，こうした化学兵器の開発に関わった元東大教授は，その報告書の最後を「我々の業務は悪夢であったが，科学的に冷静に出された真実の報告は立派なものだった」と結んでいるという[3]。

3 「構造的暴力」としての農薬

1 有機リン系農薬

有機リン系農薬として初期に開発された殺虫剤は，日本で広く使用されたパラチオン（日本では，ホリドール〔HORIDOL〕と呼ばれていた）である。これと非常に似た構造のメチルパラチオン（ドイツの Bayer 社の製品で，タイで原体から製品化され，タイで広く使われただけでなく，周辺のカンボジア，ミャンマー，ラオスなどに輸出された）など，1950年代以降，広く使われてきた。しかし，その急性毒性（48時間以内に実験動物を死に至らせる毒性）が非常に高いことが最大の難点で，有名なレイチェル・カーソン（Rachel Carson）の著書 *Silent Spring* の中に，「世界各地でもパラチオンによる死亡率は，恐るべきものとなっている。1958年インドでは100件，シリアでは67件，日本では毎年平均336件を数える」[4]（傍点筆者）と，特に日本を名指ししてパラチオンによる多数の死者が毎年出ていたことを指摘している。東南アジアの各地で広く用いられたメチルパラチオン（Folidol と呼ばれていた）も，日本で使われたパラチオンとほぼ同等の急性毒性を持っているので，タイやカンボジアなどでは日本と同じように多数の死者が出たと思われるが，警察や医療機関が死んだ人間の死因を農薬と関連づけて特定する組織的な能力を欠いていたために，公的な記録としてメチルパラチオンによる死者の数は目にしたことがない。わずかに，PAN（Pesticide Action Network：国際農薬監視行動ネットワーク）などの NGO が，各国の使用状況を報告している（PAN & IOCU［1991］, *The Pesticide Handbook; Profiles for Action*, 3rd Edition）。

冒頭に書いたように，こうした急性毒性の高い農薬は，徐々に登録を抹消され，急性毒性の低い農薬が主流となっていった。有機リン系の農薬では，パラチオンと構造的に類似しているが，急性毒性がずっと低いフェニトロチオン（日本では「スミチオン」の名前で用いられた），マラチオン（「マラソン」としてよく知られている）などが広く用いられてきた。特に，フェニトロチオンは，1976年に国会で「松枯れ防止法」なるものが可決されて，日本の全土にわたって空中散布されてきたが，この法律が可決されたときに，林野庁が提出したデータがねつ造されたものであることが国会で日本社会党の馬場昇議員から指摘された。当時の鈴木善幸農林大臣は間違いの事実を認めて，国会で「それが資料整備の段階での事務的な間違いであったとしても，心から申し訳なく思う」と陳謝するとともに，実情を調査することを約束した（『朝日新聞』1977年9月13日）。しかし，一度成立した法律は無効とはならず，その後5年ごとに更新されてスミチオンの空中散布が続けられた。

1980年に，筆者は，淡路島の餌付けされたニホンザルの群れに，野生の猿よりもずっと高い比率で先天性異常がみられることから，その猿に与えられている餌小麦の分析を依頼された。ニホンザルの先天性異常は，1971年がピークで，その年に生まれた14匹の子ザルのうち，なんと12匹が何らかの先天性異常をもって生まれてきていたのである。その後，先天性異常の子ザルが生まれる割合は，少しずつ低下してきたが，餌付けが始まった1969年から1989年までの間に平均すると24％もの子ザルが先天性異常をもって生まれてきている。特に，指が欠けていたり，手がない，足がないというようなひどい先天性異常が目立つのであった。

餌小麦を分析してわかったことは，この猿に与えられていた小麦は，有機リン系のマラチオンに汚染されているということであった。しかも，小

表1　学校給食中のマラチオンとフェニトロチオン

	マラチオン	フェニトロチオン
1食当たりの平均値	1.11μg	0.51μg
最大値	3.58μg	2.92μg
パン食の日（月水木）	必ず検出	必ず検出
米飯食の日（火金）	無検出・低い値	無検出・低い値

（注1）μg；マイクログラム；100万分の1グラム。
（注2）大阪府D市の小学校，1986年6，7月　土日を除く連続23
　　　日間の分析結果。

麦粉としてパンにする中身よりも，外側の方が濃く汚染されていた。この結果を淡路島モンキーセンターの当時の所長の中橋実さんに報告したところ，同じ猿の餌小麦の分析をした大阪大学の中南元先生からも，同じように有機リンのマラチオンが検出されたということであった。しかも，当時の私はまだ分析の技術が不十分であったため，私が検出したよりもはるかに高い濃度で大阪大学の研究者はマラチオンを検出していた。

　さらに，猿に与えられていた小麦について調べてみると，驚くべきことがわかってきた。それは，神戸の港に海外から入ってくるときには同じ小麦が，あるものは，人間の食べるパンの原料として用いられ，また，その同じ小麦が，猿の餌としても用いられているということが判明したのである。ということは，猿の餌として与えられていた，有機リン農薬によって汚染されている小麦が，学校給食のパンにも使われており，子どもたちが給食で食べているパンが有機リン系農薬によって汚染されている可能性があるということである。そこで，さらに調べてみると，パンもマラチオンによって平均0.008ppm，スミチオンによって0.005ppm 程度の汚染を受けていることがわかった。[6]また，大阪府のある小学校で，学校給食の中にどのくらいの残留農薬が含まれているかの調査結果[7]が公表されているが，パン食の日には子どもたちが食べる給食から必ずマラソンやスミチオンが検出されるという恐るべきものであった。

　そして，輸入小麦を取り寄せて分析をしてみると，アメリカから輸入さ

表2　マラチオン，フェニトロチオンの小麦に対する残留農薬基準

	マラチオン	フェニトロチオン
コメに対して決められていた基準	0.10ppm	0.20ppm
小麦に対して設定された基準	8.00ppm	10.00ppm
小麦粉に対して設定された基準	1.00ppm	1.20ppm

れている小麦は主としてマラチオンとレルダンといういずれも有機リン系の農薬（殺虫剤）によって，オーストラリアから輸入されている小麦は主として，スミチオンによってかなり高い濃度で汚染されていることがわかった。1982年の『愛知衛生所報』[8]によると，オーストラリアから輸入されていた小麦は，スミチオンによって最大6.4ppm，マラチオンによって最大3.6ppm の汚染があり，アメリカから輸入の小麦は，最大で4.59ppmの汚染を受けていた。

　この高濃度の汚染の原因は，小麦をアメリカやオーストラリアから輸入する際に，輸出国側で高い濃度のこれらの農薬を小麦に混ぜ込んで，コクゾウムシなどの害虫に食べられるのを防いでいることによる。これを「Post-harvest Application（収穫後の農薬使用）」と呼んでいる。そこで，当時の日本における小麦中のマラチオン，スミチオンの残留基準を調べてみると，コメに対する基準はあるのに，小麦に対しては当時基準値が設定されていないことがわかった。私たちは厳しい基準の設定を要求したが，1991年12月9日，厚生省は，その諮問機関である食品衛生調査会の答申を受けて，小麦と小麦粉に対するマラチオン，フェニトロチオンの農薬残留基準を表2のように決定した。

　こうした厚生省（後の厚労省）という，本来市民の健康を守るために存在している役所が，アメリカなどとの「貿易摩擦」を起こさないことを優先して，次代を担う子どもたちが給食で食べているパンの原料である小麦の中に残留する農薬の基準をこのように大幅に緩い基準に設定するという背信行為は，この後も続いており，後述するように，最近でも農薬製造企業の利益を優先して，ネオニコチノイド系農薬のほうれん草中の残留基準

4　飢えのない平和な世界の構築を目指して　　75

を大幅に緩和している！

　さて，マラチオン，フェニトロチオン等の有機リン系農薬は，パラチオンなどと比べて急性毒性は非常に低い。しかし，本節4で述べるネオニコチノイド系の農薬とともに，これら「低毒性」といわれる農薬が，胎児期の脳の発達に悪影響を与えたり，免疫系の発達をかく乱したりしていることが最近明らかになってきた。

2　内分泌かく乱物質としての胎児への悪影響

　まず，1996年に出版され，和訳が長尾力監修『奪われし未来』として1997年に出版されたColborn・Dumanoski・Myers［1996］共著[9]の中で指摘されているように，DDTのような農薬を含む多くの人工化学物質が，本来毒物を認識して胎児が育っている子宮の中に入らないように排斥する役目を担う胎盤を通過してしまい，たとえば，DDTの場合には，偽物の「女性ホルモン」として，胎児に影響を与えてしまうという，恐るべき事実が明らかとなってきた。こうした作用をもつ化学物質は「Endocrine Disrupter（内分泌かく乱物質）」と呼ばれるが，NHKなどでこうした現象を解説された井口泰泉氏が，「環境ホルモン」という言葉で紹介されたので，日本では，「環境ホルモン」という言葉が広く使われている。

　こうした化学物質の特徴は，そのほとんどが人工的な化学物質で，何億年にもわたる長い生命の歴史の中で，生命体を構成する物質として用いられなかっただけでなく，そうした物質が体内に入ってくることもなかったことから，我々の体が，それらを「毒物」として認識できないことから起こる現象である。上記したDDTの場合，最初はマラリア蚊から人を守る目的で，ハエやシラミのような衛生害虫の駆除に，さらには農業用に広く使われ，その急性毒性が非常に低いことから，「低毒性」の農薬として利用された。また，敗戦直後の日本では，進駐軍によって，我々人間の頭から振りかけることが行われ，さらに，米国の農薬会社の宣伝フィルムには，子どもたちがハンバーグを食べているところでDDTが噴射される場面が

「安全な」農薬であることを示すために放映されたりしたのである。

　しかし，このように「安全な」農薬として宣伝され，信じられてきたDDTをはじめとする多くの農薬（有機塩素系除草剤の2，4-D，有機リン系の殺虫剤マラチオン，クロルピリフォス，ピレスロイド系の殺虫剤ペルメトリン，金属を含むジチオカーボネート系の殺菌剤マンネブなど）が，実は次のような大きな悪影響を人間を含む動物や自然界に及ぼしていることに気づいたときには，我々の体内にすでにこうした化学物質が入り込んでおり，特に，女性の体内に入ったものは，胎盤を通り越して，胎児に取り返しのつかない影響を与えていたのである。

①胎児の性の分化に影響し，男の子として生まれようとしている胎児を「女性化」してしまう。その結果として，男性と女性の両方の生殖器を持った赤ちゃんが，すでにこの世界に生まれていることを，BBCは1996年に放映している。これほど激しい影響を受けていない場合でも，成長してからの精子を作る機能が損なわれているために，子どもを作るために必要な十分な数の健康な精子を放出できない男性が世界中で増えていることを，多くの研究者が指摘している。

②胎児の免疫機能の発達を阻害し，普通なら親から与えられた「免疫力」によって対応できるはずの環境中から入ってくる微生物によって，命を落とす海洋生物が1980年代以降多く見られるようになった。『奪われし未来』に記載されている大量死としては，1988年春に，スウェーデンとデンマークの間の島に流産したアザラシの死骸が打ち上げられた。4月から11月までの間に，ノルウェー，スコットランド，イギリスなどの北海周辺で18,000頭もの大量のアザラシの死体が浜に打ち上げられた。1990年以降もギリシャ，イタリア，スペインなど地中海で，イルカやアザラシの大量死が発見された。

③胎児の脳の発達を阻害する。『奪われし未来』が発行された時点では，まだわずかの事例しか報告されていなかったが，近年になって，ピレスロイド系，有機リン系の農薬，ネオニコチノイド系農薬がヒ

4　飢えのない平和な世界の構築を目指して　　77

トを含む哺乳類の胎児，乳幼児の脳の発達を阻害しているという報告が相次いで出されるようになった。

3　子どもの脳の発達を阻害する農薬

　脳神経科学の専門家によって書かれた最新の文献として，岩波書店の『科学』（2017年4月号）の黒田洋一郎氏の「発達障害など子どもの脳発達の異常の増加と多様性」という論文がある[10]。

　この論文の中で黒田氏は，文科省が公表した日本における発達障害児の増加のデータ「文部科学省発達障害支援関係報告会資料」（2016年2月）を引用しながら，日本で，発達障害児のここ10〜20年の間の急激な増加が，脳の正常な発達が阻害されているためであるとして，その阻害要因を追及している。要因として，遺伝要因と環境要因が考えられるが，遺伝子の変化がこのような短期間に多数のヒトに起こる可能性はほとんど考えられないことから，やはり，環境要因が一番大きいのではないか，そして，その環境要因の中でも，農薬を含む人工的な化学物質の多用が引き起こしている可能性を論じている。中でも，ヒトの脳の高次機能を担う神経回路（シナプス）の発達が有機リン系，ピレスロイド系，さらに1990年代の終わりから水田などでの使用が始まったネオニコチノイド系農薬によって阻害を受けやすいことから，自閉症などのヒト固有の社会性に関連する脳の機能が，その発達段階で，ネオニコチノイドや有機リン系農薬によって阻害されている可能性が極めて高い，と指摘している。その指摘は，2000年を超えたころから，次々に発表された脳神経の発達障害に上記のような様々な合成化学物質が阻害的な影響を与えるという報告や，日本人研究者による，農薬による人体汚染の実態に関する報告によって裏づけされている[11]。

4　ネオニコチノイドがもたらした三つの禍

　ネオニコチノイドは，その名が示すように，たばこに含まれるニコチンと同様の性質を持つ合成化合物で，昆虫を主たるターゲットにするが，生

物体一般に毒として作用する。特に注意を喚起したいのは，たばこに含まれるニコチンは，胎児に悪影響を与える可能性があるので，妊娠中の女性は喫煙を控えるべきであるということは世界共通の認識であって，周知の事実である。そのニコチンと同様の（生理）作用を持つネオニコチノイドを田畑で散布したり，ましてや，松枯れ病の防止のためと称して，空中散布するなど正常な神経の持ち主ならばとても考えられないことである。

この農薬の使用が始まった1990年代の終わりから2000年を超えるころには，次のような三つの災厄が世界中で起こり始めた。

①ミツバチの神経に異常をきたし，世界の各地で大量のミツバチが死ぬようになった。

②タイ，中国，ベトナムといったアジアのコメどころで，稲雲霞（稲の害虫となる昆虫）の大発生が起こった。

そして，3番目の問題は，本節3で既述したように，ネオニコチノイドによる胎児の脳神経の発達の阻害である。

こうした大きな災厄を世界にもたらしているにも関わらず，日本政府は，この種の農薬の禁止に踏み切らないばかりか，むしろ，次のような残留基準の大幅な緩和まで行っている。すなわち，2015年5月19日，厚労省は，ネオニコチノイド農薬のクロチアニジンの，ほうれん草中の残留基準を3ppmから40ppmに緩和した。その1年前に厚労省の委員会がこの緩和措置をしようとしたときに，NGOが共同で厚労省に乗り込んで，「とんでもないことだ！」と抗議したため，決定が先延ばしになっていたのであるが，翌年，あっという間に決定がなされてしまった。食品の安全を監視するべき委員会の委員の構成が大きな問題である。

4　農薬による「構造的暴力」からの脱却に向けて

1　アジア学院とその卒業生たちの活動

アジア学院は，1973年に栃木県西那須野に創立された「農村指導者養成

所」で，創立当初はバングラデシュ，インドなどで飢えに苦しむ同胞が食料の自給を達成できるよう，農村の草の根で働く人材を養成する目的で活動を開始した。しかし，1975年ごろに東アフリカのケニアやエチオピアなどで，干ばつのために多くの餓死者が出たことから，「アフリカからも研修生を受け入れてほしい」という要請がキリスト教の世界組織であるWCC（世界基督教協議会）から寄せられ，これに応える形で，1976年度よりアフリカからも研修生を受け入れるようになった。以来，40年以上にわたって毎年30名前後の研修生を，主として，アジア，アフリカの各地から受け入れ，2002年までは1年間の，2003年以降は4月から12月までの9ヵ月間にわたる農業研修を行ってきた。創立後間もなく，職員たちで話し合って，農薬や化学肥料を一切使用しない有機農業で研修を行うことを決め，以来，その方針を貫いてきた。2017年までに卒業生は1300名を超え，世界の各地で活動を行っている。

　この学院は，キリスト教が創立の基礎になっているが，キリスト教徒だけでなく，イスラム教徒，ヒンズー教徒，仏教徒を広く受け入れている。筆者が校長を務めた2002年から2006年にも，毎年インドネシア，バングラデシュ，スリランカなどから，数人のイスラム教徒が，宗教的バックグラウンドの異なる人々と生活を共にし，研修に励んでいた。現在の世界では，いわゆる「キリスト教国」とみなされている米国やイギリスなどの政治指導者たちが，イスラム教徒の多い国々に爆弾を投下することによって，「反西欧」を掲げたイスラム原理主義がますます過激化している。そうした中で，キリスト教徒とイスラム教徒の間の壁は高くなる一方であるが，キリスト教徒とイスラム教徒が平和に共存できる世界を創り出すためには，特に若い世代の人々に，異なった宗教の人たちと「共に生きる」経験を持たせることが出発点になるであろう。

　アジア学院の卒業生たちの活動の中から，ここでは，アフリカのウガンダ，アジアのミャンマー，タイの事例を述べる。

　①ウガンダのキャングワリ難民キャンプのアジア学院卒業生たち

2008年に南アフリカで，有機農業を含む様々な農法の評価をする国際会議にNGOの立場で参加した帰路に，ウガンダのアジア学院卒業生を訪問した。首都カンパラで，ICUの教え子がJICAの理科教育センターの仕事をしていたので，まず，そのセンターで講演をし，そこに集まってくれた11名のアジア学院卒業生たちと会った。そして，その中の1人が，コンゴ共和国と湖を隔てて国境を接しているキャングワリという難民キャンプに連れて行ってくれた。

　この難民キャンプは，「Refugee Settlement」と呼ばれていて，周辺のスーダン，ルワンダ，コンゴから内戦で家族を殺されて逃れてきた難民約2万人が，短期間滞在するいわゆる「キャンプ」ではなく，難民たちの母国の戦闘が収まるまで，かなり長期にわたって「滞在」するため居住する「住宅」として機能していた。キジト神父（2000年度アジア学院卒業）と，筆者が校長をしていた2004年にアジア学院で学んだジャン・ピエール（Jean Pieere）氏に迎えられて，この難民キャンプの様々な施設を見学していると，沢山の子どもたちが，スーダンやルワンダの言葉で口々に「こんにちは！」と言いながら駆け寄ってきた。印象的だったのは，その子どもたちが，非常に健康そうだったことで，テレビのニュースなどでよく見る栄養失調気味の元気のない「難民キャンプの子どもたち」とは全く違って，元気いっぱいの子どもたちだったのである。

　子どもたちが元気いっぱいの理由は，この難民キャンプの広い敷地を回ってみて気がついた。それは，ウガンダ政府が広大な土地を国連に提供したことによって，そこに居住する難民たちが，かなり広い庭がついた家屋に住んでいて，それぞれの庭を「家庭菜園」として用い，主食のトウモロコシ，空中の窒素を固定する豆，干ばつのときにも地中にある水分によって「食料安全保障」になる芋類，そして，ビタミンなど栄養価の高い実をつけるバナナを植えているのである。豆を含めることにより，化学肥料の供給なしに，有機農業でこれらの作物は育つわけで，国連を通して供給される食物をただ待つだけでなく，各自の家庭で子どもたちに食べ物を与え

4　飢えのない平和な世界の構築を目指して　81

ることができる。

　さらに，有機農業の技術を身に着けた難民たちは，祖国の戦闘が収まって安定したときに，帰国してすぐに自分たちで農業生産が始められるという大きな利点がある。実際，筆者がここを訪問したとき，南スーダンで戦闘が収束して，帰国が可能な地域ができたために，国連は，2000人単位での難民の帰還を始めようとしていた。FAO（国連食糧農業機関）は，日本政府の「食糧増産援助」の基金を用いて，祖国に帰還してくる難民たちに，無償で食料生産を始めるための種を提供したという。

　キャングワリ難民キャンプでのこうした有機農業の展開は，アジア学院の卒業生たちの活動の一つの成果であって，特に Jean Pierre 氏は，自身がもともとコンゴ出身の難民である。彼は，若い時に内戦で父親を殺され，命からがら逃げこんだルワンダでも，フツ族とツチ族の間で殺し合いが勃発したため，さらにウガンダに逃げ込んで，この難民キャンプにたどり着いたという。彼の誠実な人柄に大きな信頼を持ったキジト神父は，彼をアジア学院に送り込んだのであった。アジア学院で学んだことを生かして活動する彼に続いて，2012年には，エマニュエル（Emmanuel Ssmpiira）というスタッフをアジア学院に送ったので，現在，3人の卒業生がここで活動している。

　②ミャンマーの卒業生の事例

　今から15年前の2002年末にミャンマー中央部のピンマナ・イエジン地域に横浜 YMCA が主催して，お医者さんと看護師さんたちが，無償の医療奉仕をしに行くというプログラムがあり，その受け入れをしている人がアジア学院の卒業生であったことから，筆者も同行することになった。現在この地域は，「首都機能」が移転してきて，ネピドーという大きな都市に変貌しつつあるが，当時は，非常に辺鄙な片田舎であった。そこでは，イエジン YMCA が有機農業の試験農場をもっており，アジア学院の1994年の卒業生であるメルヴィン（Saw Melvin Eway）氏がその農場を起点に，インフレで農薬や化学肥料が高騰してそれらを購入することができない農

民たちに，有機農法で作物を生産することを推進していた。彼の奥さんは女医さんで，横浜から年末年始の休みにやってきたお医者さんや看護師さんとともに，無償の医療奉仕を手伝っていた。

メルヴィン氏は，カレン族のクリスチャンであるために，軍部から非常に警戒されており，実際，彼が活動しているところでは，常に50 m くらい離れたところに１人の兵士が立っていて，銃口を彼に向けていた。同氏によれば，この兵士は，彼が少しでも反政府的な行動をした場合には，直ちに彼を殺すよう，命令を受けているということであった。そのように，命を危険にさらしながら，メルヴィン氏は堂々と，有機農業を広める活動をつづけ，その奥さんは医療活動を続けていたのであった。その２年後，ミャンマーの神学校（牧師養成の学校）の校長がICU の卒業生であることから，筆者はその学校に招かれて講演に行ったが，そのときに手にしたミャンマーの英字新聞には，「コメの生産は，非常に好調である！」という記事が掲載されていた。あれだけでたらめな政策しか取れない，腐敗した軍事政権の下でも，コメを中心に，食料の生産は国内で飢える人がいないほど順調になされていたのである。

なお，2016年12月に，メルヴィン氏の息子さんであるジャクソン（Saw Jackson）君（2003年アジア学院卒）が主事を務めるネピドー YMCA の25周年記念の式典に招かれて，久しぶりにこの地を訪れたところ，メルヴィン氏に銃口を向けて立っていた兵士の姿はもはや見られなかった！　ミャンマーが少しずつ「民主化」の方向で動き出していることを実感した次第である。

③タイの卒業生の事例

タイの卒業生は，北タイのチェンマイ，チェンライなどで，良い働きをしてきた人たちが多い。ここでは，東北タイのバムルン・カヨタ（Bamrung Kayotha）氏（1989年卒）が帰国してからの活動について紹介したい。

東北タイの農民は，10月から４月の乾季に土がカラカラに乾いて，農業生産が全くできないこともあって，非常に貧しいことで知られている。さ

らに，種もみ，化学肥料，農薬類などの購入に地元の高利貸しから借金をしながらコメの生産を続けているために，累積赤字が，一家族当たり平均で約10万バーツ（日本円に換算して，約30万円）にもなっているという。この問題を解決するための取り組みとして，一つは，化学肥料や農薬を購入する必要のない，有機農業への転換を図るよう働きかけることがあげられる。さらに，当時工業化に熱心のあまり東北タイの農民の窮状を顧みない政府に対して，数十万人の農民を農閑期に組織して，首都バンコクで座り込みを敢行し，農業政策の策定委員会に農民の代表を入れることを認めさせる成果を上げた。また，20年程前に JUC の招きで，東北タイの地方行政官とともに山形県の長井市を訪れ，生ごみを堆肥化して有機農業を広めている「レインボープラン」と呼ばれる活動を見て，これを東北タイでも実践するようになった。ポンという街を中心に，行政が集めて堆肥化した生ごみを，農民が有機肥料として活用し，その農民が育てた有機農産物をポンの市庁舎の周囲の広場で，農民が市民に直接売る「朝市」が開かれている。ここ数年，有機農産物を販売する農家の数も，それを買いに来る市民の数も急速に増えている。有機農業がこの地域に非常な勢いで発展することにより，農薬や化学肥料を購入する必要がなくなった農民は，「借金地獄」から着実に脱出し始めている。

2 有機農業100％を目指す国　ブータン！

　2014年3月にブータンで IFOAM（国際有機農業推進連合）の国際会議が開催されたときに，ブータンの現職と前職の農業大臣がそろって前に立ち，ブータンが国として2020年までにすべての農業生産を有機農業によって行うという方針を立て，国内に残っていた DDT などの農薬を回収してスイスに送り処分をしてもらったことを発表した。しかし，現在の大きな課題は，大量の除草剤を使用しているということも話された。使用している除草剤は，主としてブタクロールということであった。ブータンの農業大臣によるこの話を聞いた筆者は，ちょうどその前の年に，栃木県にある民間

稲作研究所が開催した日中韓の有機稲作に関する会議で，この研究所の理事長である稲葉光国氏や副理事長の舘野廣幸氏らが，除草剤を一切使用することなしに水田の雑草をコントロールする方法を確立していることを目の当たりにしていたので，2人の農業大臣の講演の後，手を挙げてそのことを紹介した。すると，その午後に行われた分科会に参加していた筆者を現農業大臣のイエシェイ・ドルジ（Yeshey Dorji）氏が呼び出され，もっと詳しく除草剤の一切いらない有機稲作の方法を知りたいと言われたので，すぐに稲葉氏にメールで英文で書かれた文書を送ってもらって，大臣に渡したのであった。すると，大臣は，「稲葉さんたちをブータンにぜひ連れてきてほしい！」と要請された。帰国後，稲葉氏にその話をしたところ，国際協力を行うことに積極的な返事をいただいた。

その後，韓国で開かれたIFOAMアジアの会議に，ブータンの農業省で有機農業推進室長の立場にあるケサン・ツォモ（Kesang Tshomo）さんが参加されていたので，稲葉さんを引き合わせ，さらに2014年10月には，トルコで開かれたIFOAMの国際会議で講演された農業大臣と，これに参加しておられたケサンさんに，稲葉さんが可能な国際協力について相談をした。

こうして準備が整い，2015年から2016年にかけて，稲葉さんと一緒に何度かブータンに行き，ブータンの農業省の責任者，特に，稲作の専門家や雑草に関する専門家などにも会い，除草剤不要の有機稲作のプロジェクトを立ち上げることにした。幸い，JICAが草の根民間協力のプロジェクトとして，3年間の支援をしてくれることになり，2016年10月にブータンの首都ティンプーで調印式が行われて，このプロジェクトが正式に発足したのであった。

このプロジェクトの一環として，栃木県にあるアジア学院にブータン農業省推薦の二人の若手職員を招き，2016年4月から12月までの9ヵ月間，アジア学院での有機農業の研修とともに，同じ栃木県にある民間稲作研究所で，除草剤不要の有機稲作の手法や，大豆の有機肥料としての活用法や，

国民の大半がチベット仏教を信じているブータンで，インドから肉類を輸入する代わりに大豆たんぱくを様々な形の食品として導入することなどの研修を行い，すでに帰国している。

2017年7月に来日した2人のうち，インド国境から92kmのチランというところで活動しているカルマ（Karma Chuki）さんを現地に訪ねたところ，そこは険しい山岳地帯であったが，農民，特に女性を組織して行政に働きかけてすばらしい成果を挙げつつあった。日本で研修を受けたもう1人のサンゲイ（Sangay Wangdi）氏は，稲葉氏が有機稲作の技術導入を行っている3ヵ所の実験農場の一つであるBajoの試験場に勤務しているので，すでに，4月，5～6月，今回の7月とブータンに行くたびに顔を合わせ，彼が試験的に行っているところも見せてもらった。

稲葉氏の技術の導入は，このBajoの大きな圃場以外に，飛行場のあるパロの有機農家の圃場，首都ティンプーの王宮の裏手にある農業省のTindeltang圃場，王立の研究圃場であるChimipangで行っている。Chimipangでは，ブータンの在来品種の大豆を植えているが，日本の「納豆小粒」という大豆も比較のために地元の品種と並べて植えてみている。ParoとThimphuでは，日本から稲葉氏が持参した大豆を試験的に植えているが，Chimipang圃場での比較検討によって，地元の品種が，稲葉氏の意図する目的に使えるようであれば，できるだけ地元の品種を用いることが望ましい。

除草剤不要の稲作に関しては，ParoとThimphuの圃場の最上部にため池を掘り，そこからの水の供給が十分なされる条件で，水を張った田んぼで田植え前の代掻きを3回行い，できるだけ雑草を排除してから田植えを行った。特に，日本では北海道以外からはほとんど姿を消した「ヒルムシロ」という宿根性の雑草がブータンでは最大の問題であることが事前の調査でわかっていたので，ブータンの人々が「Shouchum」と呼ぶこの雑草の排除を最大の目標にした。しかし，水を張って代掻きを行ってみると，大量のホタルイの種が水面に浮きあがってきたので，これもできるだけ排

86

除した。なお，Paro の有機農家のご婦人は，その父親が40～50年ほど前にブータンに来て，日本の「進んだ」農業の手法を伝えた西岡京治という人の直弟子で，その圃場には，日本で開発された「農林11号」という品種の稲が育てられていた！

　今後，稲葉さんの技術を適用する場合に，稲の品種としてもできるだけ在来品種を用いてゆくべきだと思われるが，この有機農家の圃場では，稲葉さんが日本から持ってきた「ササニシキ」も用いて実験を行っている。Bajo の圃場では，ササニシキのほかに，この試験場で試験的に育てていた IR28と IR64を植えた。田植え後1ヵ月ほど経過した7月上旬にブータンを訪れてみると，どの圃場でも非常にわずかしか雑草は生えておらず，稲は順調に育っていた。この次は10月に訪問してコメの収穫量を調べる予定であるが，除草剤を一切使用しない有機稲作によってコメの増産が図られるかどうか，コメの自給率が現在50％前後に低迷しているブータンでは大きな期待が寄せられている。

　まとめに換えて

　国全体が有機農業100％を目指すというのは，ブータンが初めてのことであるが，インドの北端の小さな州であるシッキム州も，むしろ，ブータンに先んじて有機農業100％を2016年1月に宣言しており，こうした動きが世界の各地で広がることが期待される。

　また，アジア学院のように，イスラム教徒，仏教徒，キリスト教徒，ヒンズー教徒，さらには，日本の多くの若者のような無宗教の人々が，生活をともにしながら，飢えのない平和な世界を目指して働く場がもっと増えることを期待する。広島平和文化センターの理事長を務めていたスティーブン・リーパーさんが，広島に上記のような研修所を開設したことを最近リーパーさん自身から聞いた。彼の父親は洞爺丸が嵐の中で沈没したときに，自分が持っていた救命用具を日本人の若者に譲って死んでいった人で

ある。その遺志が今後の世界の平和のために生かされることを心から願う
ものである。

参 考 文 献

1 Pryde, L. T. [1973], *Environmental Chemistry; An Introduction*, Cummings Pub（岡本剛監訳［1976］『新しい化学——生活環境と化学物質』培風館）.

2 古川安［1989］，『科学の社会史——ルネサンスから20世紀まで』南窓社。

3 『毎日新聞』1995年10月18日夕刊。

4 Carson, Rachel [1962], *Silent Spring*, Houghton Mifflin（青樹梁一訳［1964］『沈黙の春——生と死の妙薬』新潮社文庫）.

5 中橋実［1990］，『がんばれコータ——ニホンザルと生きた10,000日』長征社。

6 『宮城衛生研究所年報』56号，1981年。

7 小西良昌・吉田精作［1987］，「有機リン系農薬（マラチオン，フェニトロチオン）の一日摂取量とその摂取源」『日本栄養・食糧学会誌』40巻5号375-380頁。

8 斎藤他［1982］，『愛知衛生所報』32号55-61頁。

9 Colborn, Theo, Dianne Dumanoski, John Peterson Myers [1996], *Our Stolen Future: are we threatening our fertility, intelligence, and survival?*, Plume（長尾力監修［1997］，『奪われし未来』翔泳社。最初に出た訳本は，誤訳が多く，のちに「増補改訂版」として，井口泰泉氏の解説付きで2001年に出版されたものが，誤訳が訂正されている。『週刊金曜日』1998年1月30日号掲載の田坂による『奪われし未来』の書評「地球的規模で危機に立つ人間環境への警鐘」参照）.

10 黒田洋一郎［2017］，『科学』87巻4号388-403頁，岩波書店。

11 ①森千里，戸高恵美子［2008］，『へその緒が語る体内汚染——未来世代を守るために』技術評論社。
②菅野純［2015］，『国立医薬品衛生研究所報告』133号21頁；J.Toxicol.Sci., 2016, special Issue（in press）。

［元会員，元国際基督教大学＝化学］

5 技術はエコロジー危機を克服するか

理論としての「エコロジー的近代化」をめぐる考察

小 野 一

は じ め に

環境と経済を対立的にとらえる人は，今日では少数派である。多くは，環境テクノロジーと政策措置により，経済成長を維持しながらでも環境保護は可能と考えているが，それを根拠づける学説はエコロジー的近代化とよばれる。1980年代の前半にドイツの社会科学者ジョセフ・フーバー（Joseph Huber）とマルティン・イェニッケ（Martin Jänicke）[1]により確立された。

この学派の業績は翻訳書等を通じて紹介されている[2]。だが日本では，エコロジー的近代化については自明のこととして論究が回避されるか，単なる戦術論として断罪される傾向にあったのではないか[3]。そのため理論的検討が手薄になったとすれば，克服されるべき研究上の空白である。

環境政策が（先進国の）政治アジェンダに定着した今，それを支える主流言説としてのエコロジー的近代化を支持するのであれ批判的立場をとるのであれ，的確な論点整理により，理論的・実証的射程を見定めておくことは重要である。それが，環境政策や思想史研究の説明能力を高めるとともに，「科学技術と平和」という本特集にも寄与すると思う。

1 エコロジー的近代化の位置づけ

学説の理解のために批判理論の参照が有益なことがある。エコロジー的近代化は，種々の批判にどのように応答してきたのだろうか。研究状況を概観し，「対抗言説への対抗言説」という筆者の仮説も提示しつつ，理論的に究明すべき論点を絞り込んでいく。

1 近年の研究状況

欧米では，体系的研究の下地は整いつつある。特筆すべきは，オーサー・P. J. モル（Arthur P. J. Mol），デビット・A. ゾンネンフェルト（David A. Sonnenfeld），ガード・スパーガレン（Gert Spaargaren）の編著 "*The Ecological Modernisation Reader*"（以下「EMリーダー」という）の刊行だろう。エコロジー的近代化の第一人者はもちろん，批判的論者も寄稿する。

終章「エコロジー的近代化：評価，批判的論議，将来の方向性」は，学派の30数年の総括的検討である。具体的な理論的貢献として，環境改革論を体系的に展開したこと，社会と自然の関係性をめぐる理論的技術革新をもたらしたこと，環境政策の新しい研究アプローチを確立したこと，社会理論のグローバル化に寄与したことなどが挙げられる。

批判理論の中には，エコロジー的近代化に取り込み理論的発展の糧にできるものと，立脚点やパラダイムを異にするため永続的な論争が予想されるものがあるという。後者にはネオマルクス主義，ラディカル（ディープ）エコロジー，新マルサス主義などが含まれる。

EMリーダー終章は，2013年2月にドイツ・フライブルクで開催された「私たちはエコロジー的に近代化された社会に生きているのか」という研究会をもとにした編著 "*Ökologische Modernisierung: Zur Geschichte und Gegenwart eines Konzepts in Umweltpolitik und Sozialwissenschaften*" にも一部改稿のうえ，巻頭論文「エコロジー的近代化：我々の立ち位置」と

表1　ドライゼクの環境言説分類モデル

	改良主義者	ラディカル
常識的	問題解決	生存主義
独創的	持続可能性	緑のラディカリズム

（出典）Dryzek［2013］p. 16＝日本語訳18頁.

して再録される。研究会の主な問いは，「エコロジー的近代化とは何か」，「エコロジー的近代化が1980年前後に生起しその後成功を収めたのはなぜか」，「エコロジー的近代化概念は1980年代以降の環境政策および社会科学に対しどのような意味を持ったのか」といったことである（Bemmann et al.［2014］pp. 9-22）。ドイツでの議論の展開は重要だが，EM リーダーが起点となっていることには注目される。

　EM リーダー寄稿者のひとりジョン・S. ドライゼク（John S. Dryzek）の著書『地球の政治学／環境をめぐる諸言説』は，各種の環境言説をより広い思想的パースペクティブの中に整序する。産業主義に批判的でそこからの離脱を考える主張には，改良主義的なものとラディカルなものがある。この区別が，環境言説をカテゴリー化するひとつの次元を構成する。もうひとつの次元は，産業主義からの離脱が常識的か，独創性を認めるのかである。これらを対抗軸としてクロスさせ，表1のような4分類モデルを考える（Dryzek［2013］p. 16＝日本語訳18頁）。

　EM リーダー第5章「社会学，環境，モダニティ／社会変化の理論としてのエコロジー的近代化」（スパーガレンとモルが執筆）によれば，この4分類のうち「持続可能性型」（改良主義的かつ独創的）との親和性こそが，いくつかの西欧諸国の環境政策上の変化や環境運動の主流イデオロギーともあいまって，エコロジー的近代化の人気を基礎づける（Spaargaren, Mol［2009］p. 76）。ただし，両者の類似性にもかかわらず，エコロジー的近代化のほうが焦点は限定的である（Dryzek［2013］p. 172＝日本語訳214頁）。

2 種々の批判理論

ネオマルクス主義によれば，現代の市場主義社会での有意味・構造的・継続的な環境改革は不可能である。シュネイバーグらは次のように言う。

　　生産の踏み車システムはふたつの過程の相互作用からなっている。第一の過程とは，以前の生産から得られた剰余価値を生産システムに再投資することで増強された技術力が，生態系に再度作用することである。……投資家の中には，攻撃的，積極的，破壊的な方法で生態系を利用するものがいる。一方，大多数の賃金労働者が雇用と賃金を確保するために経済組織の拡大に依存しているのは，受動的，消極的，防衛的であるといえる。両者の動機はこのように異なるが，経済成長はこのふたつの社会階層に共通する価値目標なのである。(Schnaiberg, and Gould［1994］pp. 69-70＝日本語訳86-87頁)

ここから導かれる第二の過程は，生態系破壊が予想されても，多くの場合，政策決定者が経済成長を選択してしまうことである。経済構造と生態系破壊の関係の規制，労働者と経済組織の投資家，所有者，経営者の関係の仲裁が政府の役割と考えられるが，「現実にはどちらの役割も理想的に果たすことはできない。というのは，政府は，現代社会に支配的な生産の踏み車システムの価値と，それに代わる価値との間で中立的ではないからである」。

エコロジー的近代化とネオマルクス主義は，一見，水と油のように相容れない。だが興味深いことに，EM リーダー編者による総括は，永続的でしばしば白熱する論争は両者の根本的相違を明らかにし，いくつかの実証研究では双方のパースペクティブを補完的に使う試みがなされてきたとする (Mol et al.［2009］p. 509)。

他の批判理論についてはどうか。ローマクラブの「成長の限界」が話題を集めた1972年，ディープ・エコロジーの提唱者として知られるアルネ・ネス (Arne Næss) は，ブカレストでの講演で，「浅薄な」エコロジー運動と対比させた自らの思想の見取り図を示す (Drengson, and Inoue［1995］

pp. 3-7 = 日本語訳32-37頁）。ディープ・エコロジーの基本原理は自己実現と生命中心主義とする見方もあるが（Dryzek［2013］p. 187 = 日本語訳234頁），ここでいう自己実現とは，個人の人格を超えた巨大で有機的な「大文字の自己」と小文字の自己を一体化させる，全体論的特性をもったアイデアである。生命中心的平等は，いかなる生物種も他の種に優越しないという意味で，人間中心主義的な傲慢さの対極にある。

　ディープ・エコロジーも含め緑のラディカリズム（表1参照）は，産業社会内部での環境の概念化を拒絶し，オルターナティブを打ち立てる。それゆえ，エコロジー的近代化とほぼ対極の思想的位置にある。ただし，新マルサス主義の限界言説（生存主義）が環境問題の国際政治アジェンダ化の中で温和化したように（持続可能な開発），緑のラディカリズムも現実政治の場では主流言説になりにくい。

3　産業主義の転換とテクノロジー

　これに対し，エコロジー的近代化は生産・消費過程のエコロジー的再編成であり，近代化路線を保持したままの環境危機の克服は可能と考える。

　フーバーはそれを近代社会発展の第三段階，すなわち超（ハイパー）産業主義化を通じた産業システムのエコロジー的転換と特徴づける（Spaargaren, Mol［2009］p. 69；丸山［2006］156頁）。ネオマルクス主義と異なり，資本主義的生産様式や生産諸関係の変革という視点はほとんどない。それはエコロジー問題の克服には重要でないからである。モダニティの四つの次元（産業主義，資本主義，監視，軍事力）に関するアンソニー・ギデンズ（Anthony Giddens）の分類に従えば，資本主義と産業主義にそれぞれ対応するネオマルクス主義とエコロジー的近代化を対立的にとらえることは，時代遅れである（Spaargaren, Mol［2009］p. 65）。

　エコロジー的近代化には，そのために設計・開発されたテクノロジーや製品が不可欠（Huber［2009］p. 48）とするフーバーの議論は，理論的というよりもプラグマティックである。そこに内在する技術偏重主義を，政

治的実践の視角から問い直した議論もある。

　フランク・アドラー（Frank Adler）は，フライブルクの研究会での報告「エコテクノロジーにより効率性を高める技術革新で危機からの脱出は可能か？　エコロジー的近代化概念の有効性を主張する見解への批判的注釈」の中で，次のように指摘する。持続可能な開発のための産業社会のエコロジー的改革は可能との前提の下，テクノロジー的環境イノベーションが過剰評価，文化的・社会構造的変化が過小評価され，現行の社会経済的（再）生産関係および支配関係を超えて将来展望が打ち立てられない。

　彼は，エコロジー的効率を高める技術革新こそグローバルなエコロジー危機からの脱出口と考える論者が，経済成長や福祉増進を環境負荷から切り離せると考えていることを批判的にとらえる。その想念の非現実性は，2050年の世界人口（約90億人）が今日の欧州人並みの収入を得るなら，地球温暖化対策目標（産業革命以来プラス2度）の達成には，経済効果1ドルに対するCO_2排出量が55倍も効率的でなければならない（Adler［2014］p. 164；小野［2017］22頁）ことからもわかる。経済成長は，資本主義の再生産・安定化と関わる構造問題であり，それ自体がエコロジー問題なのである。

　経済・福祉と環境の分離を前提とする技術中心主義から離れるなら，エコロジー対策では経済成長でなく，社会構造や実践，社会的・文化的イノベーションが重視される。それなのにフーバーが，既存の発展経路からの脱却を実現不可能な妄想として退けるのを，アドラーは，「近代化理論的保守主義」の兆候として問題視する（Adler［2014］p. 175）。

4　対抗言説への対抗言説

　エコロジー的近代化が1980年代以降に出現したという時代性にも注目しよう。上述のように1970年代初頭には，経済成長に懐疑的な言説が相次いで提示された。アカデミズムでも後期資本主義や西欧中心主義的価値観が相対化され，現実政治では新しいテーマを掲げる勢力（緑の党など）が地

歩を得た。

　　ギデンズやベック（Ulrich Beck）の再帰的近代化論に支えられ，エ
　　コロジー的近代化は，社会科学者や政策決定者が1980年代の議論，す
　　なわち資本主義や産業・テクノロジーは環境破壊の主因と見なすべき
　　か否かといった議論を超越しようとする際の手がかりとなった。
　　（Mol et al.［2009］p. 504）。

　EM リーダー編者のこのような見解もふまえ，筆者はエコロジー的近代
化には「対抗言説への対抗言説」としての側面があるとの仮説を導いた
（小野［2017］21頁）。エスタブリッシュメントの側からすれば，産業社会
の根幹に関わる批判理論（対抗言説）は脅威である。かといって，エコロ
ジー危機を頭ごなしに否定して経済成長路線に固執することもできない。
考えられる反応は，現状の秩序を保持したまま問題解決できるとの対抗言
説を示すことである。

　先行研究を参照すれば，この仮説は確認済みと考えられる。ピーター・
クリストフ（Peter Christoff）によれば，環境政策の新展開は，環境問題の
解決ばかりでなく，政策アジェンダのコントロールと介入的規制の正統性
を保とうとする政府・産業界の洗練された反応である（Christoff［2009］
p. 102, 111）。環境問題へのモダンでテクノクラティックなアプローチとし
てのエコロジー的近代化（Hajer［1995］p. 32）が，ラディカルな環境言説
の産物というよりそれに対する抑圧的な回答だとするハイアーの見解も，
EM リーダー第 6 章に提示されている（Hajer［2009］p. 87）。

　フライブルクの研究会では，エコロジー的近代化はエコロジー運動と社
会的メインストリームのプラグマティックな妥協とのコメントも現れた
（Bemmann et al.［2014］p. 192）。それによれば，アドラーらの議論が主流
派経済学者に受け入れられないのも当然である。とはいえ，アドラーの提
示するポスト成長社会は十分に説得的でなく，「対抗言説への対抗言説」
への対抗言説が容易に構築されないことを窺わせる（小野［2017］25頁）。
同様の批判は，エコロジー的近代化をヘゲモニープロジェクトとする立場

から地球温暖化問題における対抗プロジェクトを提案したティモ・クリュ
ーガー（Timmo Krüger）の論稿にも当てはまる。

　エコロジー的近代化は政界・経済界の中枢にも受入可能であり，それが，
環境政策が先進国の政治アジェンダに定着し得た理由のひとつである。先
進国では経済（GNP）と環境負荷の分離を示す証拠があるが，それらの
国々の環境改善は，エネルギー集約的で汚染を伴う産業部門を新興国へ移
転することで達成された（Christoff［2009］pp. 103-104）。南北問題はエコ
ロジー的近代化の泣き所と考える人は少なくない。

　それゆえ環境問題の出発点にある問いが，改めて重要な意味を持ってく
る。経済成長と環境保護とは両立するのか。資本主義的生産様式や産業社
会，既存のライフスタイルを所与としたエコロジー改革は可能か。それに
肯定的なエコロジー的近代化は，現状適応的でプラグマティックな改革に
有効な政策枠組みを提供する。だがそれに飽き足らない者もいる。近代の
意味を問い直すパラダイム転換が，エコロジー危機と並行して進行する。
一部の論者は，こうした事態の理論的解明にエコロジー的近代化が役に立
つと考えている。

　だとすればエコロジー的近代化の検証は，社会学理論の次元に進まねば
ならない。エコロジー的近代化はモダニティをめぐる議論から何を包摂し，
あるいは包摂しなかったのか。

2　エコロジー的近代化とモダニティ

　EMリーダー第7章「エコロジー的近代化，エコロジー的モダニティ[6]」
は，エコロジー的近代化のタイポロジーを試みる。執筆者のクリストフに
よれば，エコロジー的近代化の再帰的変種は，強いバージョンへ進化する
可能性を秘める。そのためには，エコロジー的近代化のどのような点が理
論的に乗り越えられるべきなのだろうか。

1 再帰的近代化論

近代化概念は，古典的近代化論（マルクス，デュルケム，ヴェーバー，ジンメル）以来の蓄積があるが，1980年代のポストモダンの影響も受けつつ，グローバル化時代の幕開けまでに意味内容を変じる。新たな息吹を吹き込んだのがギデンズやベックである。彼らの理論は，立場や問題関心の相違にもかかわらず，再帰的近代化論と括られる。

ベックはいう。工業社会の旧来のシステムが成功半ばにして崩壊し始めている以上，工業文明を再検討し，再創造していく必要がある。「『再帰的近代化』は，工業社会という一つの時代全体の，創造的（自己）破壊の可能性を意味している。この創造的破壊の『主因』は，革命でも，恐慌でもなく，西側社会の近代化の勝利である」（Beck, Giddens, and Lash［1994］pp. 1-2＝日本語訳10-11頁）。工業社会時代からリスク社会時代へのモダニティの移行は，潜在的副作用の様式にしたがって，近代化の自立したダイナミズムの結果，望まれてもいないし，気づかれないままに，強制的に生じていく。

本稿第1節3項で述べたように，ギデンズはモダニティを産業主義，資本主義，監視，軍事力の四つの次元からとらえる。新たなリスクへの認知は，進歩に対する公衆の受け止め方を変化させるが，彼はそこにモダニティのラディカル化を見る。進歩概念の脱構築化の底流には，科学技術進歩への文化的失望感と結びついた断絶性がある。この失望感こそが単純なモダニティからの決別を促し，再帰的近代化という新しく，より不安の多い時期の幕開けを告げる。

モダニティのラディカル化であれ，工業社会の創造的破壊であれ，新時代（再帰的近代化）の理論は，産業主義の問題を技術的・官僚的に管理するだけでは十分でない。エコロジー的近代化はその要請に応えられるだろうか。

丸山正次は，「エコロジー的領域の（経済からの）分化」というモルらの議論に関し，たとえそれがあったとしても分化し独立し解放される度合い

と，エコロジー的合理性が経済領域に再帰していく程度はイコールでない
とコメントする（丸山［2006］183頁）。つまり，行為者の選択とシステム
の改変可能性は自明でない。だがこの批判は「ある種の」エコロジー的近
代化には適合的でも，その先を行くバージョンもあるかもしれない。

　ひとくちにエコロジー的近代化といっても，多様性があるのである。

2 弱いエコロジー的近代化と強いエコロジー的近代化

　エコロジー的近代化概念をはじめて政治分析に持ち込んだとされるイェ
ニッケは，先進国の環境政策の四つの戦略に言及する。そのうち二つは対
症療法的なもの（環境の回復・補償，および汚染コントロール技術）で，残
りの二つは予防的ないしは先取り的（環境に優しい技術革新，および構造改
革）である。先取り戦略の第一類型こそがエコロジー的近代化だが，それ
は産業界のコスト最小化戦略で，人件費抑制投資の代わりに「エコロジー
的合理化」を行い「エコノミーとエコロジー」の両側面で効率性を高める。
市場競争力の維持・改善が中心的意図で，環境上の便益は付随的である。

　生産性一辺倒思考が持続可能性へ向かうには，広範な構造改革（先取り
戦略の第二類型），すなわち生産・消費パターンの根本的変化や抑制された
質的成長が必要である。フーバーに代表される技術偏重主義の限界には第
1節3項でも言及したが，クリストフは，エコロジー的近代化はスケール
の大きな構造転換に組み込まれた過程の一部でしかなく，そうした視野の
狭さゆえにイェニッケらは政治・経済的矛盾の潜在的可能性をとらえ損な
っていると批判する。ニューテクノロジーやクリーンな製品だけでは，資
源消費の総体的抑制や非経済的なエコロジー的関心事に寄与するとは限ら
ない（Christoff［2009］pp. 104-105）。米国カリフォルニア州の自動車排ガ
ス規制を扱ったジョージ・ゴンザレス（George A. Gonzalez）の論稿（EM
リーダー第12章）もそれを裏書きする。

　ラディカルな批判的論議を展開する者は，他にもいる。マルテン・A.
ハイアー（Maarten A. Hajer）は，エコロジー的近代化の三つの理念型（制

表2　弱いエコロジー的近代化と強いエコロジー的近代化

弱いエコロジー的近代化	強いエコロジー的近代化
経済志向	エコロジー志向
テクノロジー志向（狭義）	制度・システム志向（広義）
道具主義的	コミュニケーション志向
技術官僚・ネオコーポラティスト・閉鎖的	熟議民主主義的・開放的
国内志向	国際志向
中央集権（ヘゲモニー）志向	多様性志向

（出典）Christoff［2009］p.113.

度的学習，テクノクラティックなプロジェクト，文化政策）を示し，その社会的ダイナミズムには少なくとも四つの基本線（エコロジーの合理化，エコロジーの専門技術化，社会的なもののエコロジー化，エコロジーの社会化）があるとする（Hajer［2009］）。アルバート・ウィール（Albert Weale）にとりエコロジー的近代化とは，依然として明確な輪郭をとりきれていないエコロジー的解放思想を具現化した新たな信条体系である。経済と環境の両立可能性という観念がゆらげば，信条体系のもう一つの側面（市場や国家のエコロジー化）が前面に出たラディカルなものとなることも排除されない。

　エコロジー的に持続可能な構造転換の継続的促進やテーマ・組織横断的な結果の度合いに応じて，エコロジー的近代化の構成要素は弱いバージョンから強いバージョンに至る連続線上でさまざまに解釈できる（Christoff［2009］p.113; Dryzek［2013］pp.176-177＝日本語訳219-220頁）。両者の特徴は，表2のようにまとめられる。クリストフのコメントに耳を傾けよう。

　　エコロジー的近代化は産業発展という想念に埋め込まれており，技術的適応をもってすれば再帰性を通じた変化の要請にも耐え得るとの解釈を（慎重にではあるが）なおも崩さない人々は，産業主義的モダニティの信頼性喪失がいかに大きいのかに注意を払わない。近代化がより再帰的になっているとしても，環境効率改善という道具主義的に限定された意味においてであり，産業主義的モダニティの軌跡を問い直すエコロジー的批判を広義の再帰的な意味でとらえない。これに対し

強いエコロジー的近代化は，オルターナティブなエコロジー的モダニティの範囲を拡張する潜在的可能性に言及する。そうしたエコロジー的モダニティを特徴づけるローカルな文化的・環境的条件の多様性は，しかしながら，人権・環境権への共通認識と結びつき，狭義の道具主義を超えたエコロジー的合理性や諸価値の実現を支えるテクノロジー，制度，コミュニケーション様式への批判的・再帰的関係を共通項として持つ。(Christoff [2009] p.118)

3 再帰的なエコロジー的近代化の可能性と限界

ここに描かれた強い（再帰的な）エコロジー的近代化は，しかしながら，ほんとうに社会学理論として画期的なものだろうか。

エコロジー的近代化がテクノロジカルな環境マネジメントを超え，文化的価値や現代デモクラシーを視野に含むとすれば，魅力的な話である。だがこれまでの議論は，むしろ，再帰的近代化論との距離の遠さを示唆しているように筆者には思える。カール・ワーナーブラント（Karl-Werner Brand）は，フライブルクの研究会で，近代の多様性という文化社会学的言説からの影響は僅少だったこと，エコロジー的近代化は古典的近代化論のパラダイム（合理化，差異化，個人化，馴致化）と連続性を有し，エコロジー的対立の多文化的源泉はそれ以上テーマ化されなかったと述べる（Brand [2014] pp.90-91；小野 [2017] 27頁）。丸山は，再帰的近代化論の採用に際しての，エコロジー的近代化の創始者たちによるリスク社会論の切り離しに言及する（丸山 [2006] 174-180頁）。

エコロジー的近代化がモダニティ論から影響を受けたのは事実である。だが，理論レベルと政治言説・政策論レベルとの区別はここでも重要である。再帰的近代化論のアカデミックな問題関心とは裏腹に，政治的言説としてのエコロジー的近代化は既存の枠組み（資本主義や，経済成長を前提としたライフスタイル）を基本的に存続させる官僚主義的でプラグマティックな技術的対応として機能している。クリストフのいう強いエコロジー的

近代化は理念型に近く，現実政治の中に実例を見出すのはかなり難しいと思われる。

それでも，現存しない理念型モデルが将来的には可能になるかもしれない。ここに出てくるのは推移性の問題である。

3　比較研究とドイツの特殊性

弱いエコロジー的近代化と強いエコロジー的近代化という用語法は，前者から後者への発展可能性を含意するのだろうか。それが理論的には論証可能だとしても，実証例として確認できるか否かは別問題なので，環境政策過程の比較研究による裏付けが必要である。興味深いのは，EM リーダー第13章「エコロジー的近代化，リスク社会，緑の国家[7]」である（Dryzek et al.［2009］）。

1　社会運動とグリーン国家

同章執筆者のドライゼクらは，ノルウェー，アメリカ合衆国，英国，ドイツを対象に，国家が「受動的」か「能動的」か，社会集団に対し「排除的」か「包摂的」かに注目した比較研究を行う。現時点でグリーン国家は実現していないが，そこに向かう要素は4ヵ国で観察し得る（Dryzek et al.［2009］p. 227）。三つの定言命法（imperative）が参考になろう。

その一つは「経済的定言命法」である。ブルジョアジーの包摂と資本主義の成立により，近代国家は最初の民主的改革を経験した。経済的定言命法は，長年，社会運動には近寄り難い領域だったが，エコロジー的近代化の登場以後は環境保護運動もアクターと見なされる。それとともに，「国家の正統性」という定言命法がある。組織労働者の包摂と福祉国家により，正統性定言命法は国家のさらなる民主化を推し進めた[8]。

これらは，「環境保護」という新たな国家的定言命法へと逢着する。環境保護主義者の包摂とグリーン国家を通じたさらなる民主化が期待されよ

う。ベックのサブ政治論に依拠しつつ，産業社会の再帰的近代化における社会運動の役割が重視される。

　社会運動の側には二つの戦略が構想し得る。一つは，職業的な環境NGOが，国家の政策決定機構内で弱くテクノクラティックなエコロジー的近代化に参画することである。もう一つは，環境NGOが国家と市民社会の双方で二重戦略を追求するシナリオである（Dryzek et al.［2009］pp. 231-232）。強いエコロジー的近代化は，環境保護と国家的定言命法を収斂させるのに適するが，その前提条件は公衆参加によるエコロジー的正統性へのアクセス保障である。だが，一般に国家は弱いエコロジー的近代化を選好し公共空間での議論には後ろ向きなことが多いため，ラディカルな社会運動は困難に直面するだろう。

　興味深いのは，「受動的で排除的」な国家（ドイツなど）でこそ緑の公共空間が発達してきたという逆説である。批判的公共空間が最も生起しにくい「能動的包摂」型国家（ノルウェーなど）では，弱いエコロジー的近代化ないしは淡泊なグリーン国家のみが存続可能である。受動的国家（包摂的であれ排除的であれ）は，社会運動がラディカルなプログラムを維持するだけの多様性を許容するが，それは強いエコロジー的近代化の必要条件であっても十分条件ではない（Dryzek et al.［2009］p. 227）。

　4ヵ国のうちドイツのみが強いエコロジー的近代化に向かったとすれば[9]，その特殊な条件が示されねばならない。考えられるのは，サブ政治の活動が，職業化の進展にもかかわらず死滅しなかったことである。排除的国家に対する社会運動側の反応の一つは，自前の研究機関の設立である。エコ研究所（応用エコロジー研究所）やヴッパータールの気候・環境・エネルギー研究所をはじめとする民間シンクタンクは，国家に取り込まれる緊張をはらみながらも，市場ベースの環境政策に先鞭をつけた。批判的活動の余地は比較的大きかった。反原発運動は，経済的定言命法とは対立するが，1998年以降は社会民主党と緑の党による連邦政府（赤緑連立）を，2011年以降は保守主義政権を味方につけた。

他の分析対象国に比べ強いエコロジー的近代化を経験したとされるドイツも，クリストフの理念型には及ばない（Dryzek et al.［2009］pp. 247-248）。

2　推移性をめぐる批判的検討

本節冒頭の問いへの回答を示しておこう。弱いエコロジー的近代化から強いエコロジー的近代化への推移可能性は，理論的にも実証的にも確認し得ないと筆者は考える。

これは意外に思えるかもしれない。モダニティのラディカル化というギデンズの議論は理論的進化の可能性を類推させるし，EM リーダー編者がクリストフの用語法に言及する際にも（Mol et al.［2009］p. 510）弱いエコロジー的近代化から強いエコロジー的近代化への推移可能性を想定しているように読み取れるからである。

ギデンズの見方では，現代の問題状況（エコロジー危機もその一つ）は近代の延長上に措定されるが，この点については再帰的近代化論者の間でもニュアンスの違いがある。ベックによればリスク社会の出現過程は，「工業社会の基盤を疑わしくさせ，最終的にはその基盤を破壊してしまうような脅威を，潜在的にも，また累積的にも生み出していく」（Beck, Giddens, and Lash［1994］p. 6＝日本語訳17-18頁）。

社会運動なり，「環境リスクに再帰的・民主的に取り組む教養ある公衆」（Dryzek et al.［2009］p. 227）がサブ政治を通じて国家の正統性定言命法にアクセスするのは，産業界や官僚が経済的定言命法に沿って行う環境対策（弱いエコロジー的近代化）とは経路が異なり，両者間に媒介項があるとは限らない。第 2 節 1 項で見たように丸山が，経済的領域から分化・独立したエコロジー的合理性が経済領域に再帰していく可能性が自明でないと考えるのも，強いエコロジー的近代化への発展が理論的に担保されていないことを示唆しているのではないか。

エコロジー的近代化の強弱二つのバージョンは，あくまでも政策・言説様式を類型化するための分析カテゴリーとして理解すべきである。

実証研究でも，強いエコロジー的近代化の適合事例であるためには，価値的・文化的，さらには民主的・熟議的要素といったメルクマールが不可欠である。この方向性がドイツで，劇的に昂進したとはいい得ない。赤緑連立連邦政府の成立に伴う環境保護運動の政治中枢へのアクセス可能性（排除型から包摂型への移行）は，限定的である。そこで経験したのは，緑の党の既成政党化（小野［2014］）や脱原発アドボカシー連合の解体（Rüdig［2000］p. 46, 71）に見られるラディカリズムの周縁化など，エコロジー的価値の選択的包摂だった。

　ドイツの良好な環境政策パフォーマンス[10]は，社会運動文化の息づく伝統に規定されながらも，市場主義的でプラグマティックな方策が追求しやすかった政治・経済・社会的要因に帰せられるところが大きい。ドイツが強いエコロジー的近代化の理念型に近いとしても，その程度は，ないしはその方向での変化のモメンタムは，控えめに見積もるほうがよい。

　赤緑連立連邦政府の連立協定（1998年）では，幾度となくエコロジー的近代化に言及され，特に第4章には「エコロジー的近代化は，自然的生活の基礎を保護し，多くの雇用を創出するためのチャンス」とある（Mez［2003］pp. 329-330：坪郷［2009］75-76頁）。政綱レベルの目標提示が現実の政策実績と区別されるのは当然だが，連立協定は両党のプログラム論議のいちおうの到達点である。坪郷實は，しかしながら，政府の環境規制を起点にする市場メカニズムを通じてのイノベーションによる環境問題の解決である「エコロジー的近代化」には限界があり，それと平行して現在の産業社会の「エコロジー的構造変動」が必要とする（坪郷［2009］12頁）。それがクリストフのいう強いエコロジー的近代化と同じものなのかは明言されないが，社会的，経済的に受容される戦略が必要との但し書きからすれば，単なる政策論を超え，市民社会における文化的・価値的変容を伴うものが想定されているのだろう。だが，この連立協定で表明されているのは典型的な弱いエコロジー的近代化の発想であり，その進化可能性に過剰な期待を読み込まないほうがよい，との反論はあり得よう。

むすびにかえて

　近年の研究を概観して，筆者なりの暫定的結論は以下のとおりである。エコロジー的近代化は理論であるとともに政治的言説や政策論であり，どのレベルに注目するのかにより評価は異なる。エスタブリッシュメントにも受入可能なエコロジー改革路線は，発生史的に見て「対抗言説への対抗言説」の性格を有する。弱いエコロジー的近代化から強いエコロジー的近代化への推移性は，理論的にも実証的にも確認し得ない。政策様式を分類するカテゴリーとして理解すべきである。モダニティ論の新展開に触発された再帰的なエコロジー的近代化は，文化的・価値観的な変革を視野に含むが，その射程はアカデミックな関心事に限られるのが現状だろう。もちろん，このような解釈に反論はあり得る。だが，どのような立場をとるにせよ，議論の次元ごとにエコロジー的近代化の意義と限界性を見極め，理論的・実証的分析に応用する方途を探ることが求められる。

注

1　丸山正次は，エコロジー的近代化の核となるアイデアを両名の所論から抽出する（丸山［2006］154-164頁）。丸山の著書は，エコロジー的近代化の理論的検討を試みた日本では数少ない業績である。

2　イェニッケ・ヴァイトナー［1998］，イェーニッケ・シュラーズ・ヤコプ・長尾［2012］，イエニッケ［2006］，等。

3　たとえば畑山敏夫は，エコロジー的近代化は手段にすぎず，（フランス）緑の党の目標はそれを超えたところにあると考える（畑山［2012］209頁）。

4　同書に関する研究ノート（小野［2017］）には，本稿で言及したアドラー，クリューガー，ブラントらの議論のやや詳細な解説も含まれる。

5　1987年の環境と開発に関する世界委員会（ブルントラント委員会）報告が打ち出した「持続可能な開発」は有名だが，「将来の世代のニーズを満たす能力を損なうことがないような形で，現在の世界のニーズも満足

させる」開発と定義される。あいまいさをはらんでいるのは事実だが，途上国の開発への権利を認めつつ地球環境問題に取り組むための枠組みを目指した。報告書作成にかかわった人物のひとりは，「持続可能な開発」概念は科学的知見よりも政治的意見に基づくところが多いとする（Spaargaren, Mol［2009］p. 67）。

6　初出は1997年だが，EMリーダーに再録されている（Christoff［2009］）。

7　ドライゼク他の著書（Dryzek et al.［2003］）の第7章を再録。

8　「発達した資本主義は社会国家なしでは存在し得ないが，同時にまたそれを拡充してもやってはいけない」（Habermas［1985］p. 152＝日本語訳209頁）。福祉国家の正統性の危機に関するユルゲン・ハーバーマスの議論も合わせて参照されたい。

9　ドライゼクは別の箇所で，強いエコロジー的近代化のかすかな光がドイツには認められるとしている（Dryzek［2013］p. 180＝日本語訳224頁）。

10　シュラーズの3ヵ国比較（Schreurs［2002］）も，そのような見解を支持する。

参 考 文 献

Adler, Frank [2014], "Öko-effiziente technologische Innovationen: *Der Ausweg aus der Öko-Krise? Kritische Anmerkungen zum Geltungsanspruch des Konzepts* »Ökologische Modernisierung«," Bemmann et al., pp. 161-179.

Beck, Ulrich, Giddens, Anthony, and Lash, Scott [1994], *Reflexive Modernization: Politics, Tradition and Aesthetics in the Modern Social Order.* Cambridge: Polity Press（松尾精文・小幡正敏・叶堂隆三訳［1997］，『再帰的近代化——近現代における政治，伝統，美的原理』而立書房）.

Bemmann, Martin, Metzger, Brigit, and Detten, Roderich von (eds.) [2014], *Ökologische Modernisierung: Zur Geschichte und Gegenwart eines Konzepts in Umweltpolitik und Sozialwissenschaften,* Frankfurt/M.: Campus Veralg.

Brand, Karl-Werner [2014], "Ökologische oder reflexive Modernisierung? Modernisierungstheoretische Implikationen eines ökologischen Reformprogramms," Bemmann et al., pp. 67-95.

Christoff, Peter [2009], "Ecological Modernisation, Ecological Modernities," Mol et al., pp. 101-122.

Drengson, Alan, and Inoue, Yuichi (eds.) [1995], *The Deep Ecology Movement: An Introductory Anthology*, Berkeley: North Atlantic Books (井上有一監訳 [2001], 『ディープ・エコロジー——生き方から考える環境の思想』昭和堂).

Dryzek, John S., Downes, David, Hunold, Christian, and Schlosberg, David [2003], *Green States and Social Movements: Environmentalism in the United States, United Kingdom, Germany, and Norway*, New York: Oxford University Press.

Dryzek, John S., Downes, David, Hunold, Christian, and Schlosberg, David, with Hernes, Hans-Kristian [2009], "Ecological Modernization, Risk Society, and the Green State," Mol et al. pp. 226-253.

Dryzek, John S. [2013], *The Politics of the Earth: Environmental Discourses*, 3rd ed., Oxford: Oxford University Press (丸山正次訳 [2007], 『地球の政治学／環境をめぐる諸言説』風行社).

Habermas, Jürgen [1985], *Die Neue Unübersichtlichkeit*, Frankfurt/M.: Suhrkamp Verlag (河上倫逸監訳 [1995], 『新たなる不透明性』松籟社).

Hajer, Maarten A. [1995], *The Politics of Environmental Discourse: Ecological Modernization and the Policy Process*, Oxford: Oxford University Press.

Hajer, Maarten A. [2009], "Ecological Modernisation as Cultural Politics," Mol et al., pp. 80-100.

Huber, Joseph [2009], "Ecological Modernization: Beyond Scarcity and Bureaucracy," Mol et al., pp. 42-55.

Mez, Lutz [2003], "Ökologische Modernisierung und Vorreiterrolle in der Energie- und Umweltpolitik? Eine vorläufige Bilanz," Christoph Egle, Tobias Ostheim, and Reimut Zohlnhöfer (eds.), *Das rot-grüne Projekt: Eine Bilanz der Regierung Schröder 1998-2002*, Wiesbaden: Westdeutscher Verlag, pp. 329-350.

Mol, Arthur P.J., Sonnenfeld, David A., and Spaargaren, Gert (eds.) [2009], *The Ecological Modernisation Reader: Environmental Reform in Theory and Practice*, Oxon: Routledge.

Rüdig, Wolfgang [2000], "Phasing Out Nuclear Energy in Germany," *German Politics* 9(3), pp. 43-80.

Schnaiberg, Allan, and Gould, Kenneth Alan [1994], *Environment and*

Society: The Enduring Conflict, New York: St. Martin's Press（満田久義訳者代表［1999］，『環境と社会——果てしなき対立の構図』ミネルヴァ書房）．

Schreurs, Miranda A.［2002］，*Environmental Politics in Japan, Germany, and the United States*, Cambridge: Cambridge University Press（長尾伸一・長岡延孝監訳［2007］，『地球環境問題の比較政治学——日本・ドイツ・アメリカ』岩波書店）．

Spaargaren, Gert, and Mol, Arthur P.J.［2009］，"Sociology, Environment, and Modernity: Ecological Modernization as a Theory of Social Change," Mol et al., pp. 56-79.

イエニッケ，マーティン，吉田文和訳［2006］，「環境に優しい近代化／新たな展望」『経済学研究』56(2)，pp. 351-364。

イェニッケ，マルティン・ヴァイトナー，ヘルムート編，長尾伸一・長岡延孝監訳［1998］，『成功した環境政策——エコロジー的成長の条件』有斐閣。

イェーニッケ，マルティン・シュラーズ，ミランダ　A.・ヤコプ，クラウス・長尾伸一編［2012］，『緑の産業革命——資源・エネルギー節約型成長への転換』昭和堂。

小野一［2014］，『緑の党——運動・思想・政党の歴史』講談社。

小野一［2017］，「『エコロジー的近代化論』をめぐる最近の議論状況」『工学院大学研究論叢』54(2)，pp. 9-30。

坪郷實［2009］，『環境政策の政治学——ドイツと日本』早稲田大学出版部。

畑山敏夫［2012］，『フランス緑の党とニュー・ポリティクス——近代社会を超えて緑の社会へ』吉田書店。

丸山正次［2006］，『環境政治理論』風行社。

［工学院大学＝現代ドイツ政治学］

● 投 稿 論 文

6 難民条約締結前における
日本の入国管理政策と在留特別許可

柏 崎 正 憲

は じ め に

　本稿の目的は，戦後日本の入国管理政策における在留特別許可の歴史的
展開を解明することである。現行の在留特別許可は，非正規滞在者の正規
化と，難民審査の不認定者に在留資格を認める救済措置との役割をもつ。
その適用の決定は法務大臣の裁量に委ねられているが，当局によれば，在
留希望者の個別的事情を踏まえて，人道的考慮および国家的見地の双方か
ら「総合的に」判断がなされるという。だが実際の運用を見るかぎり，こ
の「総合的」判断は国家的見地に大きく傾いており，表向きに謳われる人
道主義は，国家的な思惑にたいして全面的に従属しているように見える。
本稿では，人道主義の名目において，実際には在留特別許可がいかに運用
されてきたのかを歴史的に検証することで，日本の入国管理政策の問題点
を浮き彫りにすることを目指す。

　第1節では，在留特別許可の形式的手続と運用実態を概観する。第2節
では，予備考察として大日本帝国期における難民や移住者への政策を見る。
第3節と第4節では，在留特別許可が戦後入管体制に組み込まれてから，
例外的事例として政治難民に適用されるようになるまでの経緯を考察する。

109

なお扱う時期は，1981年の法改定（同時に「出入国管理令」から「入国管理及び難民認定法」に改題）が政治日程に上る直前までに限定する。

1 いかに在留特別許可は運用されているか

　入管法（入国管理及び難民認定法）第50条は，在留資格のない外国人にたいして，その事情しだいで，法務大臣が「特別に」在留を許可することができると定めている。この規定は，入管法違反の審査手続にかんする一連の条文（第45条以降）の最後に置かれている。つまり，違反審査をへて退去強制の対象となり，異議の申出も理由なしと裁決された者が，法務大臣の裁量による在留特別許可の対象になるということだ。このような退去強制の発令後における例外的措置としての手続上の位置づけは，1951年施行の入管令（出入国管理令）において在留特別許可の規定が設けられてから現在に至るまで，基本的にはほとんど変わっていない。

　在留特別許可の起源は占領期に見出される。連合国軍総司令部（GHQ）は，日本の治安当局が本土内外の渡航の規制を再確立することを認めた一方で，密航や治安取締を理由に本土外への送還対象となった旧植民地出身者への救済措置として，在留希望者が地方の民事部を経由してGHQに嘆願書を提出するという手続を設けた。1950年10月には出入国管理庁が設置されるが，その時点ではまだ嘆願の裁決にはGHQが介入することになっていた。その後，1951年11月に施行された入管令をもって，裁決の権限は完全に入国管理局へと移る（森田［1955］170-171頁）。同令第48条は，退去強制への異議申立てを却下された者にたいして「かつて日本国民として本邦に本籍があった」などの「情状」を考慮して，法務大臣が「自由裁量権」により「在留特別許可」を付与しうると定めた（法務省入管局［1959］87-88頁）。以上のような経緯で，在留特別許可は戦後の入国管理体制に組み込まれたのである。

　在留特別許可の運用実態を，当時の主要な対象であった在日朝鮮人への

適用がもっとも多かった時期——国籍別の許可数が統計に表れる1957年から，日韓条約締結の1965年までとする——の統計において見ると，毎年2,000から3,000人，多いときには4,729人（1961年）が在留特別許可を受けており，この期間の平均的な許可率はおよそ8割から9割と計算できる（異議申立ての受理数にたいする比率）。ただし，同期間の送還数（平均で年1,300人ほど）と比べると，およそ65人の許可者にたいして35人が送還されたことになる。くわえて，不法滞在として入管施設に収容される者（新規入所者）が毎年5,000人から7,000人以上，さらには新規仮放免（収容の免除）が毎年1,000人から2,000人以上，計上されている。これら収容と仮放免の数字は，上記期間に常時6,000人から1万人以上の在日朝鮮人が，いつでも国外追放されうる状態に置かれていたことを意味する。

その後，移住労働者，いわゆるニューカマーが急増する1990年前後に，非正規滞在者の数が急上昇する。当局による「不法残留者」数の推計値は，1990年7月には106,497人，1993年5月には298,646人となっており，その後2001年1月に25万人を下回り，2004年から実施された「不法滞在者五年半減計画」をへて，2010年には10万人以下，2014年には6万人以下となっている（2015年以降は微増）。他方で在留特別許可数は，1996年に1,000人を超え，2000年には7,000人となり，2004年の13,239人を頂点に減少へと転じ，2013年以降は年間2,000人台となる。被送還者にたいする在留特別許可の比率（許可数と送還数の和で許可数を割った百分率）を計算してみると，1990年代前半には毎年1〜2％にしか届いておらず，この時期に在留特別許可を受けた人々はごく例外的であったことが窺える。その後，1998年から比率は上昇しはじめ，2000年には13.8％，2003年には22.3％となり，2012年には45.2％と頂点に達するが，翌年から減少に向かう。1991年から2015年までの25年間を総計すると，699,606人（約85％）の被送還者にたいして120,815人（約15％）が在留特別許可を得たことになる。

これらの数字は，日本の入国管理政策の全体像のなかで考慮されるべきだろう。諸外国では，立法や政令などにより，一定の期間を設けて，一定

6 難民条約締結前における日本の入国管理政策と在留特別許可　　111

の要件に該当する申請者を，一斉に正規化する方式，すなわち「一般アム
ネスティ」もまた実施されている（近藤ほか編［2010］6頁）。この方式は，
近藤敦によれば，税や社会保障費用の徴収，非正規移民の権利保障，法秩
序の向上などのために採用される。たとえばフランスの1981-82年のプロ
グラムでは，およそ149,000人の申請者にたいして131,000人以上が，また
イタリアやスペインでは，移民が増加する1980年代なかば以降，平均して
4〜5年に1度のペースで数万人から数十万人が，それぞれ正規化された
（同上書，168-174頁）。これと比べれば，日本の在留特別許可の制限的性格
は明白である。数的規模の違いのみならず，一般アムネスティが正規化の
要件を公表するのにたいして，日本の在留特別許可は適用条件が明確では
ない。法務省入国管理局の各種発表，たとえば「在留特別許可に係るガイ
ドライン」（2006年10月発表，2009年7月改訂）では，拒否の判断にあたっ
ては「在留を希望する理由」「内外の諸情勢」「人道的な配慮の必要性」
「我が国における不法滞在者に与える影響」などが「総合的に勘案」され
ているというが，こうした要素の明確な評価基準は決して公表されない。
そもそも在留特別許可は，退去強制手続の内部に組み込まれ，審査を待つ
申請者を収容の危険にさらしつづける点で，申請を躊躇させるようにでき
ていると言える。

　ただし，個別的事例から，ある程度は在留特別許可の実質的基準を推測
することもできる。1990年代には，日本国籍者との婚姻や親子関係が実質
的要件になっていたと，駒井洋などから指摘されている。だがやがて，こ
の要件に当てはまらない非正規滞在者の問題が顕在化するようになる。た
とえば1999年には，外国人のみで構成される家族および単身者あわせて38
名が，支援者とともに，在留特別許可を求める一斉出頭をおこなった（駒
井ほか編［2000］9-11頁）。2000年代に入ると，それ以前よりは許可基準が
緩められたように窺える。近藤らは，入管当局の各種発表，また弁護士や
NGOなどから得た情報を踏まえて，日本国籍者や永住者等の家族のほか，
難病などで治療中の者とその看護者，学生等，そして長期滞在者，とくに

通学する子をもつ者が，許可対象になっていると推測する（近藤ほか編
[2010] 9頁）。ただし，当局が首尾一貫した判断基準をもって制度を運用
しているとは言えない。実際には「同様の状況にある個人や家族にもかか
わらず，一方は認められ，一方は不許可になるということがしばしば報告
されて」いるからである（同上書，11頁）。

　他方で，難民申請者にたいする在留特別許可の適用は，1991年に始まっ
たようである。同年以降，入管の統計および白書には「人道配慮による在
留」の許可数が記録されるようになる。ただし，この「人道配慮」による
許可数のすべてが在留特別許可数ではない。この数字には「在留資格変更
許可及び期間更新許可数」も，つまり審査が終わるまで在留資格を有して
いた者（少数と推測される）への許可数も含まれており，したがって後者
を除いた数が，退去強制命令を受けた状態での難民審査をへて在留特別許
可に至った者の数ということになる。その後，2004年の入管法改定（6月
2日法律第73号）——難民認定者の法的地位の安定化などを趣旨とした改
定——のさい，第61条2-2の第2項として，難民不認定を受けた「在留資
格未取得外国人」に特化した在留特別許可の規定が盛り込まれた。

　日本の難民受入数の少なさはしばしば非難の的になるが，難民申請者へ
の人道配慮による在留許可の数も，この否定的評価を払しょくしそうにな
い。1990年までは難民申請者への許可数はゼロで，翌年以降も一桁にしか
達しなかった。その後，1998年から二桁の年間許可数が計上されるように
なり，2008年から2011年までは250人から500人に上昇するが，翌年以降は
100人前後に推移している。難民申請数が年間三桁に達する1996年以降，
各年の不認定数（一次審査の不認定数マイナス再審後の認定数）にたいする
在留特別許可数を比率で見ると，多い年では5割前後，少ない年では5％
未満と振幅が大きいが，平均では9.3％となる（なお申請処理数にたいする
難民認定率は平均1.6％）。

　ところでUNHCR [2016] は，日本の難民申請者への「人道配慮」によ
る在留許可数を，統計上「補完的保護」（complementary protection）と見

なしている。そこで2016年における諸外国の補完的保護の実績（同数値を年間総決定数マイナス難民認定数の値で割った百分率）と比べてみると，ロシア87.9，スペイン73.1，イタリア36.0，ドイツ35.7，ギリシャ13.0，日本1.3となる。加えて，日本の「人道配慮」の数字が，退去強制手続に組み込まれた在留特別許可をも含んでいることを踏まえると，これをノン・ルフールマン（迫害を受ける恐れをもつ者の送還禁止）の国際原則に準拠した補完的保護と言っていいのかどうかにも検討の余地がある。

　ここまでを要約すると，日本の在留特別許可は，人道主義を名目の一つに掲げているが，実際には非正規滞在者（移住者であれ難民申請者であれ）を追放する法的手続の一環であり，その運用実態としても制限的で，国家的見地を含んだ不明瞭な判断基準に従っている，と言える。こうした特徴をもつ在留特別許可の制度は，いかにして成立したのだろうか。

2　帝国期における難民および移住者への施策

　まずは予備考察として，帝国期の日本の政策を見ておきたい。まず指摘できるのは，当時の政府が，本土外からの難民や移住者への施策に人道主義の装いを与えようとする志向を一切もたなかったことである。難民への政府の対応は，つねに露骨な政治的意図を伴っていたし，入国および在留管理にあたる行政——戸籍法や内務省令などにもとづき，主として警察が執りおこなっていた——もまた，国策上の諸判断に全面的に服していた。

　近代日本が受け入れた最初期の難民は，明治期における孫文や金玉均のような政治亡命者である。こうした高名な政治指導者への庇護は，天皇大権を法的根拠として与えられた。政府にとって，彼らは「大陸への野心のてこ」としての戦略的価値があったと，本間浩（[1990] 128-129頁）は指摘している。これとは対照的に，利用価値が見出されない大多数の難民にたいしては，政府は一貫して消極的，制限的な対応をとった。ロシア革命後，いわゆるナンセン旅券の国際協定に日本も一応は加盟した。しかし

1922年7月，国際連盟事務総長からの照会にたいして，政府は「国内の生活費高騰し猶経済界不況の為多数の失業者ある状態なるを以て……入国査証に関する件に対しては決定を留保する」と回答し，さらには翌年3月，内務省警保局長がナンセン旅券を認めない旨，通達を発する。結局，日本本土ではロシア難民さえも，通常の居留外国人の要件（正規の旅券および多額の生活費用の保有）を満たさないかぎり在留を認められなかったのである。ナチス政権期のユダヤ人難民にたいしては，政府は「日本の利益になる者に限って一般外国人並みの在留許可を与えた」が，他の難民には通過を許可しただけで「難民としての受け入れは認めなかった」。この方針は，1938年近衛内閣の五相会議で決定された「猶太人対策要綱」により明確化されている（本間［1990］132-137頁）。

　他方，帝国期日本における戦後の非正規移住者と比較可能な存在は，対外的には日本国民の地位にあった植民地臣民，とくに朝鮮人の内地渡航者である。明治憲法第22条は臣民の「居住及移転の自由」を認めたが，外地戸籍により内地人と区別されていた植民地臣民は，内地への渡航をきびしく制限された。韓国の強制的併合の後，1910年代の土地調査事業により耕作地を失った朝鮮農民の内地への流入が生じた。在日朝鮮人の増加や1919年の三一独立運動を受けて，朝鮮総督府は同年4月に警務総監令「朝鮮人の旅行取締に関する件」を発し，朝鮮外への渡航許可の厳格な手続を定めた（遠藤［2013］177-178頁）。1920年代には戦後不況のなかで，内務省は内地での就労を希望する朝鮮人の統制を進め，1928年には渡航証明の所持を義務づけた。そして1934年には「朝鮮人移住対策の件」（10月30日閣議決定）により，朝鮮人の内地への渡航規制の方針が帝国レベルで再確認される（外村［2013］59-61頁）。ところが日中全面戦争に突入すると，政府は1939年7月に「朝鮮人労務者内地移住の件」を定め，一転して朝鮮人を総力戦体制下の労務へと強制的に動員していく。このように，朝鮮人の渡航規制もまた国家的意図に左右されていた。

6 難民条約締結前における日本の入国管理政策と在留特別許可

3　いかにして在留特別許可は戦後入国管理体制に組み込まれたか

　先に説明したように，在留特別許可は占領期に GHQ から引き継がれた
制度であった。それでは，なぜそれを日本政府は占領の終了後にも維持し
たのだろうか。この疑問を解くには，連合国への無条件降伏後にも，在日
朝鮮人や朝鮮人渡航者にたいする政府当局の姿勢が（日本人一般の意識と
同様に）変わらなかったことに留意する必要がある。在日朝鮮人の取締を
再確立しようとする強固で執拗な意志のもとで，戦後の入国管理体制は構
築された。ところが，植民地主義を主体的に精算せずに国際社会に復帰し
た戦後日本の入管政策は，植民地状態を脱した隣国との関係で，早くも障
害に直面する。これに対処する手段として，GHQ が遺した制度の一つで
ある在留特別許可が見出されたのである。

　終戦後，1945年のあいだに大部分の在日朝鮮人は朝鮮に帰還した。だが
内務省は，1946年5月の警保局通牒により，それまで帰還事業の実務を掌
握していた日本朝鮮人連盟（朝連）から主導権を奪い，さらには6月の通
牒で，当局への反対を「妨害行為」として強制送還により取り締まると定
めた。さらには朝鮮半島での住居・食糧難などによる日本への再渡航を断
つため，政府は7月の次官会議決定により，これを密航と規定して，内務
省，厚生省，運輸省にまたがる取締体制を構築し，旧佐世保引揚援護局の
管轄で針尾収容所を設けた（鄭［2013］63-65頁）。こうした動きの延長線
上に，国際的な法的地位が未確定であった旧植民地出身者を「みなし外国
人」と規定し，その厳格な取締を可能とした，1947年2月の外国人登録令
がある。その後，1950年6月の朝鮮戦争勃発を受けて，出入国管理の統一
的機構の設置が急速に進められる。GHQ の意向のもと，戦前の警察中心
の入管体制が復活することはなかったが，しかし特高警察において朝鮮人
取締を担当した官僚の「すくなからぬ部分」が，戦後の入管関連部署に配
属されたという証言を，大沼保昭は「敗戦直後に外国人登録に携わった

人々」からの聴き取りで得ている（大沼［1993］260頁）。

　1952年4月28日，講和条約の発効と同時に施行された法律第126号2-6により，日本に在留する旧植民地出身者は「在留資格を有することなく本邦に在留することができる」者として不安定な法的地位に留め置かれた。法126-2-6該当者は，外国人登録法や一定の刑罰法令に違反した場合および「治安攪乱者」と認定された場合には，退去強制の対象とされたのである（森田［1955］164-166頁）。1945年9月3日から講和条約発効までの入国者を不法入国者とする扱いにも，変更はなかった。こうして旧植民地出身者の一部は，非正規滞在者（不法残留者）として収容および送還の対象になった。

　ところが，退去強制処分となった在日朝鮮人を大韓民国に追放しようとする日本政府の目論見は，さっそく障害に直面することになった。講和条約発効直後の1952年5月，大村収容所から釜山への被送還者のうち，終戦前から日本に在留していた125人については，日韓会談での合意成立までは法的地位が未確定だという理由で，その引き取りを韓国は拒否したのである。さらに1954年には，送還予定者の長期収容化の問題を受けて，戦後の密航者の引き取りをも韓国は拒絶する。これにより長期収容者が増えると，収容所では蓄積された不満による暴行事件やハンストが生じ，外部では抗議デモ，メディアの報道，国会での議論が生じた（法務省入管局［1959］95頁）。この動向への反応として，1954年7月14日に衆院法務委「外国人の出入国に関する小委員会」では，送還対象者について，戦争末期に帰郷し戦後に本土に戻ってきた，現に日本に居住する者の家族である，といった事情を考慮しつつ在留特別許可を運用すべしという決議がなされる。

　この決議を受けて，どのように在留特別許可は運用されたのか。入管付の法務官僚および法務研究員であった森田芳夫によれば，当局は「本人の性格，年齢，在日経歴，家族状況，生活保障等」——本人の性格のような要素が人道的考慮に含まれるに相応しいかはおくとしても——を「総合的

に，人道的に」考慮する一方で，こうした個別的な事情のみならず「国家的見地からの要請」をも加味して，許否の判断を下しているという（森田[1955] 171-172頁）。これらの基準の関係は説明されていない。だが運用実態を見るに，人道的見地により設けられた基準が国家的見地を制約するのではなく，むしろ後者が前者を，少なくとも例外なき客観的な基準としては機能しえない程度に制約しているように窺える。

尹健次（[2015] 195-196頁）が聴き取った一例を見よう。1935年生の宋貴永は，1943年に家族で朝鮮に帰還。戦後，密航に３回失敗したあと，すでに日本に戻っていた父を頼って1953年に密入国し，1957年には母と妹も入国。通常の学齢から２，３年遅れて京都の高校に入学。ブローカーから偽の登録書を得ていたが，あるとき入管の調査により密入国が発覚。宋は高校在籍を理由として１週間の収容後に仮放免となったが，母と妹は送還されてしまった。その後，関西新聞で「向学心に燃える韓国学生，しかし，登録はない」と紹介され，その記事をもって東京の法務省に陳情し，在留許可を獲得したという。この事例では，密入国および登録証偽造というマイナス要素を，戦前の日本在留歴という要素が相殺せず，しかし宋は高校通学が仮放免の根拠として評価された一方で，母と妹は仮放免の根拠となる要素を提示できないまま送還にまで至ったのだと推測される。

在留特別許可の積極的な適用を当局に求める声もまた，国家的見地を制限するというよりも，まさにそうした見地から発したものだった。国会での議論は，戦後日本の価値観として人道主義を掲げつつも，しかし植民地支配への反省ではなく，元臣民たる朝鮮人の日本国家にたいする「忠誠」を根拠に，送還対象の朝鮮人への共感を喚起するものだったと髙谷幸は評している。同じく髙谷によれば，国会の動きに呼応して，1954年まで法務省入国管理局長の鈴木一による提唱をきっかけとして1953年に設立された日韓親和会は，在日朝鮮人が仮放免や在留特別許可を得るための支援活動を展開した。しかし同会は，在日朝鮮人を縛る入管政策そのものを問うことはなく，むしろその活動が密入国者の韓国への送還再開に貢献すること

を期待したのである（髙谷［2017］54-62頁）。ただし，こうした言説の機能を，道徳による国家主権の部分的制限として捉える髙谷の解釈には，難がある。韓国による送還者の受取拒否は，植民地主義の精算を可能なかぎり避けようとする戦後日本の姿勢そのものが招いた緊張と言える。その一方で日本は，韓国政府を朝鮮半島全土の代表として扱うという冷戦的な外交政策を選んでいたので，韓国との緊張に対処しないわけにはいかなかった。このような条件下で，行政裁量の範囲内で在日朝鮮人の処遇を「人道的」に微修正することは，日本政府にとって外交上の戦略的妥協としての意義をもったと解するべきだろう。

4 いかにして在留特別許可は政治難民に適用されたか

以上に見たように，在日朝鮮人への在留特別許可は，政府の外交的思惑と明白に結びついていた。しかし1960年代に入ると，入管政策における外交判断の優位への挑戦としての意味をもつ一連のできごとが，すなわち政治難民または亡命者の諸事件が生じる。

もっとも占領期以来，政治難民の性質をもつ，あるいは亡命の希望をみずから表明する入国者は存在していた。モーリス-スズキの指摘によれば，朝鮮半島からの密航者は，とくに朝鮮戦争の時期には難民としての性質をも帯びており，GHQ民政局もまた密航者への「人道的見地」による対処が必要と認識していた。それにもかかわらず，マッカーサーが日本の当局による朝鮮人渡航者の排除を追認していたため，密航者として捕えられた人々の集団送還は戦争中も続いた（Morris-Suzuki［2010］pp. 78-81）。

朝鮮戦争後にも，密航者のなかには難民の性質を帯びた人々が含まれていたはずである。そのことを認識していたのは，他ならぬ入管当局であった。当局は，韓国からの密航者の一部を「亡命」と類別していたが，こうした人々も例外なく送還対象としていた。この点について，1954年4月19日参院内閣委で鈴木一法務省入管局長は，この「亡命」者は「要するに韓

国の政権に容れられないで……生命の危険があるというので，日本に来た」かぎりでは「政治的の理由で来たということが言えないことはない」が，しかし「いわゆる共産系の人たち」ではなく，かつ後者がどのくらい来ているかは「殆んど〔把握して〕ございません」と答弁している。この回答からは，自覚的な政治活動家でなければ亡命者として待遇せず，さりとてそうした活動家であるか否かを調べもせず，つまり結局は密航者としてしか扱わない，という入管当局の方針が見て取れる。

　このような方針が公的に問題化される最初のきっかけは，1960年に起きる。韓国の四月革命にともない，かつての政府高官が日本に亡命を求める事案が2件生じた。一つは，当時の駐日代表部公使で，李承晩政権期の日韓会談における代表の一人でもあった柳泰夏の件である。柳は革命後に大使を解任された後，亡命者としての在留継続を日本政府に求めた。柳の在留資格が切れる1961年1月25日以降にも帰国の目途がたたないため，外務省と法務省は，同日以降も彼の在留を「黙認」すると決定した（『朝日新聞』1961年1月22日朝刊）。その後，柳は同年6月24日に帰国し（同紙同日夕刊），実刑を受けたものの1963年に釈放されている（同紙5月15日朝刊）。

　もう一つは，李政権の内務部長官だった張暻根の事案である。1960年11月15日，張は妻と秘書をともなって船で唐津市付近に上陸し，福岡県警に保護され，亡命希望を表明した。張らは入管法違反で起訴され（ただし健康の問題により張と妻は拘束されず），福岡地裁では密航が「緊急避難」の法理に当てはまるとして無罪とされ，高裁で有罪とされるも最高裁で「緊急避難」の有効性を認められ，最終的には1965年9月17日，高裁差戻し審は張らを執行猶予つき禁固刑とした（本間［1974］126頁）。その間，1961年5月に張勉政権を覆して成立した朴正熙の軍事政権下で，張暻根らに死刑の判決が下されている（1961年9月30日）。なお，高裁差戻し審の判決日の朝日新聞夕刊では，張は目下「一時の滞在許可」を申請しており「当分は日本においてもらうことになると思う」と語っている。その後の張らの消息を，管見のかぎり国内のマスメディアは報告していないが，当局への

申請の可否は不明としても，実際にしばらく日本に留まった後，第三国へと渡ったと推察される。

　当時の日本に亡命者あるいは政治難民の受け入れにかんする法律がなかったとしても，行政裁量によって柳泰夏や張暎根らに在留特別許可を適用することは可能だったろう。しかし法務省はそうしなかった。この点について『朝日新聞』は，法務省や外務省が韓国政府の顔色を伺って柳や張らの亡命を受け入れられず，さりとて送還するわけにもいかないので，判断を留保したまま時間を稼いでいるのだと推測するコラムを載せている（1960年12月11日夕刊）。この推測は正しいだろう。実際，1961年5月23日の参院法務委で高瀬法務省入管局長は，柳泰夏については退去強制を決定しつつも「かりに存在〔在留〕せしめておく」という措置をとったこと，張暎根らについては，判決を見たうえで処遇を決定する方針であることを答弁している。

　他方で，国家的目的のために亡命者の受け入れ体制を整備するという判断もありえた。朴正煕の5.16軍事クーデターから間もない1961年5月20日，警視庁は，外務省，法務省および最高検察庁と協議のうえ，亡命者を「人道的見地から」受け入れることにしたと発表している。もっとも人道主義はまったくの口実にすぎず，この決定の政治的意図は露骨に言明されている。同発表によれば，張暎根らの亡命申請のさいには「日韓会談への影響を考慮した」が，しかしクーデター後の政情不安という状況下で「この考慮は薄くなった」。そこで「原則として閣僚級の人物」にかぎり韓国からの亡命者を受け入れると同時に，関係省庁が一体となって「密入国防止の緊密な共同体制」を確立するというのである（『朝日新聞』1961年5月20日夕刊）。国境の統制力の強化が主目的であることを，この発表は実にあけすけに語っている。ところが，この警察庁発表にたいして外務省は強く反発し，この決定に同省が参画した事実はないと強調したうえで，亡命者への対処には「臨機応変」さが必要であり，韓国のクーデター後の推移がはっきり見えない以上，日本はひきつづき「静観」の立場をとるべきだと主

張した（同紙5月21日朝刊）。結局，警視庁発表の3日後には，韓国からの亡命者を受け入れない方針で閣議了承がなされる（同紙5月23日夕刊）。こうして，国境統制力の回復にむけた戦略的措置としての例外的な亡命者受け入れという方針にたいして，国外情勢の変化への慎重な対応という消極的方針が勝利したことにより，亡命者の問題は棚上げとされた。

　しかし日本政府は亡命者の問題から逃れられなかった。この問題を政府に提起したのは，日本国内で政治活動に携わる留学生であった。入管当局の諸措置にたいする留学生らの抗議は，いくつかの事例において，法務大臣の裁量が国際的規範により拘束されるという司法判断を引き出し，在留特別許可を政治難民に適用する道を開いたのである。

　政治活動をおこなう留学生をめぐる問題がはじめて公的に言及されたのは，社会党議員，弁護士，アムネスティ・インターナショナル日本支部（1961年発足）初代理事長である猪俣浩三の口をつうじてであった。1962年8月24日の衆院法務委で猪俣は，朴正煕政権反対の活動を日本でおこなう韓国留学生にたいして朴政権が奨学金を停止していると前置きしたうえで，外務省の中川融条約局長にたいして，日本が1951年難民条約に加入しない理由を問いただしている。なお，このとき中川は，難民条約の目的には賛成だが，条約における難民の定義が不明確なため当面は様子見をしていると答弁している。

　しかしながら政治難民にたいする政府の方針を大きく揺さぶったのは，国会質問ではなく，留学生を原告とする3件の司法闘争であった。はじめに，台湾独立運動に携わる留学生，張栄魁と林啓旭の事件を見たい。両者とも日本で台湾青年独立連盟に加盟し，活動していたが，大学卒業後に在留資格を更新されず，1967年8月には退去強制命令が下りて収容されてしまう。これを受けて，彼らを「守る会」が組織され，作家，議員，学者などが法務大臣への嘆願書に名を連ねた（宮崎［1970］18-24頁）。1971年3月29日，東京地裁では，両名の台湾送還の裁決がはなはだしく人道や正義に反し，裁量権を逸脱しているとして，裁決取消の判決が下された（本間

［1974］120頁）。

　同じく台湾独立運動に関わった元留学生で，日本人と結婚していた柳文卿は，在留資格の更新を認められず，1ヵ月ごとに東京入管事務所への出頭を命じられていたが（仮放免の更新手続と思われる），1968年3月の出頭時に収容された。そして翌朝，代理人による退去強制の取消訴訟と送還処分の執行停止の申請が東京地裁に受理された矢先に，柳は台湾に送還されてしまう。この件の背景には，中国人麻薬犯を引き取るかわりに台湾独立運動家もあわせて引き渡すという国民党政府と日本政府との密約があり，このことは本人不在の法廷でも事実確認された（宮崎［1970］47-48頁）。政府が難民条約に様子見を決め込んでいた時期にあって，原告側は柳の送還の違法性を認めさせる根拠として，政治犯罪人の不引渡の国際的原則が確立されているかを争った。1969年11月8日，東京地裁は原告の訴えを認める判決を下したが，高裁では判断が覆されてしまった（1971年3月30日）。

　第三の事例は尹秀吉である。尹は戦後，ソウルで日本への留学生募集に合格したが，通知を待つあいだに朝鮮戦争が勃発してしまい，1951年に念願を捨てきれずに船で福岡に渡った後，東京大学理学部に合格，卒業後は韓国民団の栃木県本部で講師を務めた。しかし尹の民団での立場は危うくなる。彼が敬意を注いだ民団幹部の趙鏞壽が，1960年の四月革命後に韓国に渡るも，翌年に成立した朴正煕政権により逮捕されて死刑になると，それに連動するように，趙の救命運動をおこなっていた尹を民団中央総本部は辞任させ，しかもその直後，入管当局が尹の違反調査をはじめたのである（宮崎［1970］88-91頁）。韓国に送還されれば趙のように死刑以下の政治的迫害を受けたであろう尹は，1962年，退去強制の取消を法廷に訴えた。彼の場合も，政治犯罪人不引渡の原則が争点となった。東京地裁の判決（1969年1月25日）では訴えを認められたが，控訴審（1972年4月19日）および上告審（1976年1月26日）はこれを斥けた。

　すでに送還されていた柳文卿を除いて，これらの訴訟の原告はみな，最終的に在留特別許可を受けたようである。張栄魁と林啓旭の事件では，地

裁判決を受けて当局は控訴しているが，控訴審の判決記録は残っておらず，その後も林らは台独連盟の機関紙『台湾青年』に寄稿していることから，当局は判決への反発を示しつつも，張と林に在留特別許可を与えて幕引きを図ったのだと推察される。尹秀吉については，最高裁判決後，1976年2月5日の衆院予算委で稲葉修法務大臣が，送還後の迫害の恐れを考慮して，尹の在留を許可する可能性がある旨，答弁している。その後，実際に尹の在留特別許可の決定が下りたことを，宮崎繁樹（［1998］188頁）は報告している。

　これらの裁判では，在留特別許可における法務大臣の裁量権が国際的な諸規範によって縛られうるかが問題となっていた。原告勝訴となった張と林の件の地裁判決では，この裁量権が人道や正義という一般的規範による制限を受けると判断され，しかもそれは上級審で覆されなかった。これにたいして，勝訴判決を上級審で覆された柳の件および尹の件では，政治犯罪人不引渡の原則という特定の国際的規範がもち出されたものの，この原則によっては法務大臣の裁量権が制約されないという判断が確定したのである。つまり当局は，在留特別許可における法務大臣の裁量を縛る効果をもつ司法判断のうち，一般論としての人道主義を旨とするものには最終的に譲歩した一方で，政治難民の保護や政治犯の不引渡という特定の国際的規範によって制約を課すものには徹底的に抵抗し，結果的にこれを覆すことに成功したのだった。こうして，在留特別許可における広範な裁量権は維持されたのである。

　おわりに

　本稿では，難民条約締結前の日本の入国管理政策における在留特別許可の運用実態について，次のことを明らかにした。第一に，在留特別許可は，植民地主義の精算を回避しながらの国際社会復帰を志向した戦後日本国家を支えた。つまり，韓国政府の送還者受取拒否として現れた外交的緊張を

解決するために，「人道主義」を名目に掲げつつ在留特別許可が運用され
たのである。第二に，政治難民または亡命者の保護を，政府が外交的思惑
から避けていたことに対応して，法務省は政治難民にたいして在留特別許
可を適用することに抵抗した。本稿で取り上げた法的係争の事例は，その
ような当局の方針への挑戦としての意味をもった。この挑戦は，二つの事
例で政治難民への在留特別許可の適用という結果につながったが，しかし
在留特別許可における法務大臣の広範な裁量権そのものは，実質的な制約
を課されることなく維持されたのである。

　その後，難民保護の法的枠組は，1981年の新入管法により一応は設けら
れた。日本の難民認定制度における問題点はおくとしても，この法改定に
より在留特別許可がいかなる実質的修正も加えられなかったことは，最後
に指摘しておくべきだろう。この制度は，退去強制手続の内部における法
務大臣の裁量的措置という性質を維持したまま，難民申請の不認定者にも
適用されるようになったのである。この点をふまえて，今日にいたるまで
の日本の非正規滞在者への施策が検討されるべきことを示唆しつつ，本稿
を結びたい。

参 考 文 献

Morris-Suzuki, Tessa［2010］, *Borderline Japan*, Cambridge UP.

UNHCR［2016］, *Global Trends:Forced Displacement in 2016*, Annex Table
　　9.

遠藤正敬［2013］,『戸籍と国籍の近現代史——民族・血統・日本人』明石
　　書店。

大沼保昭［1993］,『新版　単一民族社会の神話を超えて——在日韓国・朝
　　鮮人と出入国管理体制』東信堂。

駒井洋・渡戸一郎・山脇啓造編［2000］,『超過滞在外国人と在留特別許可
　　——岐路に立つ日本の出入国管理政策』明石書店。

近藤敦・塩原良和・鈴木江理子編［2010］,『非正規滞在者と在留特別許可
　　——移民たちの過去・現在・未来』日本評論社。

髙谷幸［2017］,『追放と抵抗のポリティクス——戦後日本の境界と非正規

移民』ナカニシヤ出版。

鄭栄桓［2013］，『朝鮮独立への隘路――在日朝鮮人の解放五年史』名古屋
大学出版会。

外村大［2013］，「日本帝国と朝鮮人の移動」蘭信三編著『帝国以後の人の
移動――ポストコロニアズムとグローバリズムの交錯点』勉誠出版。

法務省［1958-1961］，『法務統計』昭和32年から昭和35年版。

法務省［1962-1966］，『出入国管理統計年報』昭和36年から昭和40年版。

法務省入国管理局［1959，1972，1993，1999，2004-2016］，『出入国管理』
昭和34年，昭和46年，平成 4 年，平成10年，および平成15年から平成28
年版。

法務省入国管理局［2017］，「平成28年における難民認定者数等について」
2017年 3 月24日報道発表。

本間浩［1974］，『政治亡命の法理』早稲田大学出版部。

本間浩［1990］，『難民問題とは何か』岩波書店。

宮崎繁樹［1970］，『出入国管理――現代の「鎖国」』三省堂。

宮崎繁樹［1998］，「国際人権法と難民の保護　今後の展望」アムネスティ・インターナショナル日本支部編『難民からみる世界と日本――アムネスティ・インターナショナル日本支部人権講座講演録』現代人文社。

森田芳夫［1955］，『在日朝鮮人処遇の推移と現状』法務研修所。

尹健次［2015］，『「在日」の精神史1　渡日・解放・分断の記憶』岩波書店。

［東京外国語大学＝政治学］

7 正当化される不処罰

2000年以降の在日米軍性暴力に対する日本の司法処理

本 山 央 子

は じ め に

　1995年に沖縄で発生した米海兵隊員らによる少女拉致・集団性暴力事件（以後，「1995年沖縄少女暴行事件」と記す）を契機とする沖縄のフェミニストたちの異議申し立ては，それまで個人的な問題とされていた米軍による性暴力を，軍事主義と性差別を内包する軍隊の駐留が構造的に引き起こす暴力として問題化し，日米安全保障体制の正統性に根本的な疑問を突きつけた（高里［1996］；秋林［2004］）。

　事件が起きた1990年代は，日本だけでなくグローバルな規模で，不可視化されてきた「女性に対する暴力」が，不平等なジェンダー関係にもとづく人権侵害として認識され，不処罰を容認してきた既存の規範や法制度の見直しが進んだ時期である。安全保障の領域においても，戦争にはつきものと見なされてきた性暴力は，国際犯罪として訴追され，その防止が国際安全保障の主要な課題として位置づけられるようになった。

　しかし，性暴力が安全保障の課題として位置づけられてきた一方で，沖縄のフェミニストたちが提起したような，軍事力にもとづく安全保障の概念と実践に対する根本的な見直しが進んできたとは言い難い。日本においても，米国との軍事協力の深化にともなって在日米軍基地機能がいっそう強化される一方，両国政府による再発防止の約束も空しく，米軍関係者に

よる性暴力は絶えることなく起き続けている。在日米軍による性暴力は，どの程度重大な人権侵害として対応されるようになってきたのだろうか。本稿は，2000年代以降に発生した在日米軍人，軍属およびその家族（以下「米軍関係者」）による性暴力事件に対する日本の司法対応を分析することによって，安全保障と性暴力に関する国際規範が強化されてもなお，駐留米軍による性暴力が，国家安全保障につきものの犠牲として容認され続けるのはなぜなのか，その構造の一端を明らかにしようと試みるものである。

　もちろん，在日米軍がもたらすジェンダー影響は性暴力被害だけではない。性暴力にのみ焦点をあてることは，性暴力被害こそが女性にとって最悪の経験であるかのような想定を強化する危険がある。また，刑事訴追の強化は被害者の権利回復において重要な意味をもつ一方，女性に対する暴力を引き起こす社会経済的構造や，被害者救済の諸条件が見すごされてしまう危険もある（True［2012］; Aroussi［2011］）。こうした危険にもかかわらず，本研究で在日米軍の性暴力と司法当局の対応に焦点をあてるのは，武力紛争下の性暴力に大きな関心が注がれる一方，国際安全保障体制の中心部において軍の性暴力が容認され続けるという，国際規範の適用におけるギャップを問題化するとともに，軍の性暴力が正常化される主要なメカニズムとして，刑事司法の役割に焦点を当てたいと考えるからである。

　米軍関係者による性暴力は，米軍相手の性産業の発達と不可分であり，ジェンダー・性秩序の再編をともなって行われる米軍の国際的配置が作り出す現地人口との不平等な権力関係を反映している（Enloe［1989］; 林［2014］; Vine［2015］）。フェミニスト視点からの戦後占領史研究は，日本政府と占領軍がいかに協力しながら既存のジェンダー・性規範を動員して女性たちを分断し，身体を統制したかを明らかにしてきた（藤目［2006］; 恵泉女学園大学平和研究所［2007］; 平井［2014］）。日本政府と占領軍は，性暴力被害者の告発を抑圧する一方，管理買春制度の設置で対応しようとしたが，ここには，男性兵士の性欲は抑えがたく，一部の女性を「性の防波堤」として利用することで，一般女性の「貞操」が守られるとの観念があ

った。在日米軍犯罪の不処罰は，不平等な地位協定に象徴される「対米従属」の問題として論じられることが多いが，本研究は，上記フェミニスト歴史研究の洞察を踏まえ，日米安保体制の維持において，国家権力がいかに支配的な性規範と手を携えて機能するかに着目する。さらに刑事司法に対するフェミニスト批判に依拠しながら，日本側の司法対応を分析することによって，米軍性暴力の不処罰がいかに正当化されているかを明らかにする。

「性暴力」は多様な形態をとりうるが，本研究で扱うのは，2017年改定前の刑法において性犯罪として規定されてきたもの，すなわち，男性から女性に対する「強姦罪」「強制わいせつ罪」に該当する形態のみである。このことは本研究の視野に深刻な限界をもたらしている可能性がある。たとえば，従来の刑法の下では，男性や性的マイノリティの性暴力被害は正当に認識されてこなかったが，米軍内では男性間性暴力が20％近くを占めており（U.S. Department of Defense［2017］），また戦後占領期に日本人男性が米軍関係者による性暴力被害を受けていたことも明らかになっている。これらの限界を踏まえつつ，より全体的な把握の方法について考えていきたい。なお本稿で刑法に言及する場合は，すべて改定前の規定を指している。

以下では，まず，2000年代以降の在日米軍関係者による性犯罪の状況を把握することを試みる。次に，米軍犯罪の不処罰と日本の刑法性犯罪に関する議論を概観したうえで，日本の司法当局による性暴力事件への対応について，不処罰がいかに正当化されるのかに焦点をあてながら，検討を行っていく。

1　2000年代以降の在日米軍による性暴力の状況

米軍関係者が日本国内で起こした犯罪は，日米地位協定にもとづき，公務内の場合は米軍が，公務外の場合は日本が第一次裁判権を行使して処理

するとされる。民間人に対する性犯罪はほぼ公務外の米兵によるものであるから，当然，日本側が裁判権を行使するように思われるが，実際はそれほど単純ではない。

　表1は，警察庁による2001～15年の検挙状況をまとめたものである。15年間で94件という数字は，むろん，日本人被疑者が多数を占める膨大な全体の中ではごくわずかなものにすぎない。しかしそれらが主要な米軍基地があるいくつかの地域に集中していることに注意が必要である。警察庁の資料によれば，1989年から2011年までの23年間に全国で発生した米軍関係者による強姦事件検挙件数55件のうち47件（85%）が，沖縄，神奈川，長崎に集中していた（『赤旗』2012年10月25日）。基地を抱える地域の女性や子どもたちにとって，米軍関係者による性暴力は，なお継続的な脅威であり続けている（表1）。

　しかし，検挙件数が全体像を示しているとはいえない。第一に，性犯罪被害者は二次被害を恐れて届け出をためらうことが多く，警察の統計に表れない「暗数」がきわめて高い[1]。後述するように，警察が認知しても被害者が告訴を望まず検挙に至らない場合や，被害者に告訴意思があっても警察が受理しようとしない場合もある。第二に，米軍関係者を被疑者とする事件では，身柄が米軍側にある場合，警察の捜査に困難が生じることがある。米軍関係者による犯行であることが強く疑われながらも，検挙されなかった事件が知られている。また，基地内で起きた事件について，米軍が日本の関係機関に通告を怠っていたケースもある（『朝日新聞』2005年12月9日）。

　それでは，米軍側では，在日米軍による性暴力事件をどの程度把握しているのだろうか。米国では，女性兵士の増加に伴って米軍内での性暴力が深刻な問題として認識されるようになった。国防省は，性暴力への対応や被害者支援を強化するため，2004年に「Sexual Assault Prevention and Response Office（SAPR）」を設置し，年次報告書を発行している[2]。しかしSAPRの主要な関心はあくまで軍人の規律と福祉にあり，民間人に対する

表1 米軍関係者による性暴力事件検挙件数（2001-2015年）

	強姦		強制わいせつ		合計	
	件数（件）	人員（人）	件数（件）	人員（人）	件数（件）	人員（人）
軍人	59	64	23	24	82	88
軍属	2	2	5	3	7	5
その家族	2	2	3	3	5	5
計	63	68	31	30	94	98

（出典）警察庁「平成12年の犯罪」〜「平成27年の犯罪」より作成。

性暴力にはほとんど関心が払われていない[3]。

　AP 通信が開示請求により入手した資料によれば，2005〜13年に在日米軍の海軍および海兵隊の軍人が容疑者となった重大な性犯罪事件620件以上のうち，323件では被害者は軍に所属しており，94件が民間人だった。残る約200件の被害者の所属は不明で，いずれも国籍の内訳は明示されていない（*Associated Press*, 2014/2/9）。警察庁の刑事犯検挙数統計によれば，同じ2005〜13年に警察庁が検挙した米軍関係者による性暴力事件は，38件39人である。重複するものが何件含まれているのかは不明だが，日本側の統計では把握されていない事件は相当数に上る可能性がある。

　このように，性犯罪特有の問題に加え，日本と米軍二つの司法制度が接するかたちで処理されていること，また特に米軍の情報へのアクセス困難により，在日米軍による性犯罪の全体像を把握することは困難にされている。次節では，米軍犯罪について特に問題となる訴追上の困難について検討を行う。

2　米軍犯罪の不処罰の状況と要因

1　米軍犯罪一般の不処罰に関する議論

　米軍犯罪一般の訴追を妨げる要因としてまず指摘されるのが，不平等な日米地位協定である。地位協定はさまざまなかたちで加害者の訴追と被害者の救済に障害をもたらしているが（琉球新報社地位協定取材班 [2004]；

吉田［2010］)，性暴力事件でしばしば問題になるのが，被疑者の起訴前身柄引き渡しである。原則として起訴後でなければ身柄が引き渡されないため，容疑者が基地内に逃げ込んでしまえば，警察は米軍側の協力がない限り事情聴取を行うことができず，捜査の大きな障害となる。この条項は1995年沖縄少女暴行事件の際に大きな問題となり，「殺人又は強姦という凶悪な犯罪」に限り，日本側の身柄引き渡し要求に対して米軍が「好意的配慮」を払うという地位協定の運用改善が合意されたが，実際に適用された例はごくわずかである。

　さらに2008年には，裁判権放棄に関する「密約」の存在も明らかになった。1953年に日米地位協定の前身にあたる日米行政協定が改定され，公務外の事件に対する第一次裁判権を日本が得ることになったが，実際には「日本にとって特に重大な案件を除き」裁判権を行使しないという秘密合意がなされていたのである（布施［2010］；吉田［2010］)。法務省刑事局は，国民の批判を避けつつ秘密合意を実行するため1972年に実務資料を発行しており，その中には，「我が国にとって実質的に重要でないと考えて差し支えない」事件については，裁判権不行使ではなく不起訴とすることで裁判権を放棄するよう指示する1953年の法務省通達も掲載されていた。日本政府は「密約」の存在を認めていないが，一方で1953年の法務省通達が今日なお有効であることは認めている。

　「密約」の有効性を裏づけるとされるのが，在日米軍被疑者の低い起訴率である。市民団体「日本平和委員会」が入手した法務省「合衆国軍隊構成員等犯罪事件人員調」によって，2001〜08年における公務外の米軍関係者による刑法犯の起訴状況を一般被疑者と比較したところ，凶悪犯とされるものの起訴率が比較的高いのに対し，軽犯罪とされるものは起訴率が著しく低かった。また全体の平均起訴率を同じ方法で計算すると，米軍関係者の平均起訴率は，一般被疑者に比べて著しく低いことが明らかであった（吉田［2013］86-106頁；布施［2010］15-18頁）。

　このように，占領終結時における日米の不平等な関係を反映した日米地

位協定，および裁判権放棄に関する「密約」による日本の司法主権に対する制約，あるいは日本側の自発的な「対米従属」的実践が，在日米軍による犯罪の訴追を妨げてきた主要な原因であると指摘されてきた。在日米軍の性暴力犯罪に対する司法対応を考えるうえでも，日米間の不平等な関係という構造的制約を踏まえる必要がある。しかし日本国家は「我が国にとって実質的に重要」であるかどうかを，いかに判断しているのだろうか。米軍関係者による性犯罪の検討に先立ち，日本の刑事司法制度と性暴力の問題を概観しておく。

2　日本の刑事司法制度と性暴力

　刑法性犯罪の規定は，女性が無権利状態に置かれていた明治憲法下で制定されたものから100年以上も大きな変化がないままであった。今日の人権基準に照らすと，男性から女性に対する強制的な性器結合のみが強姦とされていること，それ以外の形態の性暴力被害は軽微とみなされていること，親告罪であること，性交同意年齢が13歳とされていること，夫婦間強姦が処罰の対象とならないこと等，多くの問題が指摘されている（大阪弁護士会人権擁護委員会性暴力被害検討プロジェクトチーム［2014］；内閣府男女共同参画会議　女性に対する暴力に関する専門調査会［2012］）。

　強姦罪の保護法益は伝統的に「貞操」と考えられてきた。強姦は，個人の性的自由に対する侵害というより，婚姻内生殖のため夫・父が女性身体を支配する家父長制社会の性秩序に対する侵犯とみなされていたのである（角田［2013］）。この性秩序の下では，男性の性欲は「自然」で抑えられないとされる一方，女性には夫への性的忠誠を守ることが要求される。そのため強姦裁判においては，被告の責任よりも，被害者が法の保護に値するような「貞淑」な女性であったのかどうかが厳しく問われるのである（谷田川［2012］）。

　このように，個人の性的権利よりも異性愛・男性中心的性秩序を重視する刑事司法のあり方は，夫婦間性暴力や男性に対する性暴力など，多様な

7　正当化される不処罰　　133

性暴力の形態を不可視化するとともに，被害者が正義を得ることを妨げてきた。たとえば，強姦罪の構成要件とされる「暴行・脅迫」の判断に際して，裁判官の依拠する「経験則」には，「強姦神話」と呼ばれる偏見が反映されていると指摘される（杉田［2013］）。性経験のない「無垢な」少女が，服装や行動に「スキ」がなかったにもかかわらず，見知らぬ男性に圧倒的な暴力で襲われる――このようなモデルにあてはまらない被害者に対しては，その「落ち度」を執拗に問うような刑事司法のあり方は，被害者たちを沈黙させ，不平等な権力関係を背景に行使される性暴力を容認する役割を果たしてきた。

3　米軍関係者による性暴力犯罪の不処罰の検討

こうした議論を踏まえて，日本平和委員会が入手した2001～15年の法務省「合衆国軍隊構成員等犯罪事件人員調」における重大犯罪とされる犯罪類型について見てみよう。殺人や強盗，放火については，米軍関係者の起訴率は一般被疑者と比べ特に低いとはいえないにもかかわらず，性暴力犯罪について見ると，強姦罪の起訴率は17.8%（一般被疑者54.6%），強制わいせつは17.9%（一般被疑者54.3%）と，明らかに低いことがわかる。1995年少女暴行事件後の地位協定運用見直し合意においても，強姦は殺人とならび，起訴前身柄引き渡しが例外的に考慮される最も重大な犯罪として明示された。しかし実際には8割以上もの強姦事件が不起訴となっているのである（表2）。

同じ資料で強姦・強制わいせつの不起訴理由を見ると，「嫌疑不十分」（36件：48%）と「その他」（30件：40%）が群を抜いて多いが，これだけでは詳細を知ることはできない。そこで，新聞報道等を手掛かりに，不処罰の要因を探ってみる。

表2　在日米軍関係者による犯罪の起訴状況（2001〜2015年）

	受理数 （件）	起訴 （件）	不起訴 （件）	起訴率 （%）	一般被疑者起訴率(参考) （%）
殺人	14	4	2	66.6	48.9
強盗	110	40	20	66.6	71.2
放火	9	4	1	80.0	55.8
強姦	56	10	46	17.8	54.6
強制わいせつ	34	5	23	17.9	54.3

（出典）法務省「合衆国軍隊構成員等犯罪事件人員調」および法務省検察統計「被疑事件
　の罪名別起訴人員、不起訴人員及び起訴率の累年比較」（いずれも平成13年〜27年）よ
　り作成。
（注）起訴率は起訴人員数/起訴人員数＋不起訴人員数により算出。

1　告訴というハードル

　1995年以降2016年までに発生した民間人に対する米軍関係者による性暴
力事件のうち，新聞報道等によってある程度内容を知ることのできるもの
は51件あった（日本に第一次裁判権がない可能性のあるものを含む）。うち，
被害者が告訴をしなかった，または取り下げたために立件や起訴がされな
かったケースは11件ある。「合衆国軍隊構成員等犯罪事件人員調」で不起
訴理由「その他」への分類があるのは，強姦・強制わいせつのほかには同
じ親告罪である「毀棄隠匿」以外にないので，不起訴理由の4割を占める
「その他」は，被害者の告訴が得られず起訴できなかったケースと推定で
きる。

　強姦罪と強制わいせつ罪は，警察が事件を認知しても，被害者による告
訴がなければ起訴ができない親告罪とされている（強姦・強制わいせつ致
死傷罪および集団強姦罪は非親告罪）。この規定は，被害者の「名誉」とプ
ライバシーを守るためと説明されてきたが，実際には，二次被害を恐れる
被害者に告訴を思いとどまらせるように機能してきた（角田［2013］162-
166頁）。

　被害者が告訴をためらう理由の一つは，周囲に知られることで，さらな
る偏見や攻撃にさらされる恐れのためである。特に米軍による性暴力事件

7　正当化される不処罰　**135**

は，「政治問題」として高い関心を集めがちである一方，米軍人と交際する女性を，性的にだらしないという意味を込めて「アメジョ」と蔑む風潮も根強い。事件が起きるたびに，被害者の「落ち度」を問うたりプライバシーを暴こうとするような攻撃的な報道や誹謗中傷が繰り返されてきた。

　2008年2月に沖縄市で中学生の少女が米兵に声をかけられ被害に遭った事件（以後，「2008沖縄少女事件」と記す）では，直後から「ついていく方が悪い」などの声がインターネットや週刊誌などにあふれ，被害者が告訴を取り下げることになった。こうした被害者バッシングは，しばしば公人の発言をきっかけとしている。2001年6月に沖縄北谷町で発生した強姦事件（以後「2001沖縄事件」）では，「女性にもスキがあった」との外相発言が報じられたことをきっかけに，被害者が加害者と顔見知りであったなどとする根拠のない週刊誌報道がなされるなど，バッシングが過熱した（浅野［2001a］）。2007年11月に広島市で発生した集団強姦事件（以後，「2007広島事件」）でも，「盛り場でうろうろしている未成年もどうかと思う」との県知事発言が報じられ，さらなるバッシングを引き起こした。

　捜査や裁判の過程で，思い出したくない被害について何度も説明させられたり，攻撃的な質問にさらされることも，告訴をためらわせる大きな要因となっている。2005年に性暴力被害を明らかにして基地撤退を訴えた女性は，警察に届け出なかった理由を，男性警察官や裁判官の前でくりかえし被害を説明しなければならないことに耐えられないと思ったと述べている（Vine［2015］pp. 238-239）。2001沖縄事件の裁判では，被告側弁護士が，これまで交際した男性の国籍を被害者に尋ねたり，「アメジョという言葉を知っているか」と質問する場面もあった。こうした二次加害にさらされながらも，被害女性が強姦救援センター・沖縄（REIKO）や地域社会の支援を得て裁判の最後までもちこたえたことは，被害者の孤立を防ぎ支える存在の重要性を示している（浅野［2001a］；［2001b］）。

　2002年11月に具志川市でフィリピン人女性が強姦未遂の被害を受けた事件では，加害者は訴追されたものの，被害女性が公判の途中で告訴意志を

否定し，検察に大きな衝撃をあたえた。熊野［2015］は，当初，処罰感情を示していた被害女性が途中で告訴意志を失った背景に，困難な司法プロセスの中で被害者と家族が消耗と孤立に苦しんでいたところに加害者側の弁護士から告訴取り下げを求める交渉がなされたことを指摘し，検察はこの経験から同様の事件の起訴に消極的になった可能性があると推測している。

　被害者が米軍基地側には相談しながら，日本の警察には告訴をしていないケースもあり，たとえ処罰感情はあっても，被害者にとって告訴がもたらすリスクはあまりに大きいことがうかがわれる（『中日新聞』2013年5月21日）。

2　検察による不起訴の判断

　送検後に，「嫌疑不十分」または不明の理由により不起訴となったことが確認または推測できる事件は8件あった。

　2002年4月に横須賀市で起きた事件（被害者の仮名により「2002ジェーン事件」）は，多くの被害者が沈黙を守る中，被害者自身の言葉で問題提起が行われた重要なケースである。日本の検察は不起訴を決定し，米軍も予備審問で不起訴を決定した。被害者はあきらめずに加害米兵を相手取って日本で民事裁判を提訴し，勝訴判決を得ている。民事裁判所が被害を認定したにもかかわらず検察が不起訴とした理由は不明だが，被害者が通報後に受けた屈辱的な扱いは，性暴力のもつ特有の性質に配慮しながら証拠を確保する警察の捜査能力に疑いを抱かせるものである。ショック状態にあった被害者は，病院での診察を受け入れられないまま現場検証への協力を強制された。尿検査も行われず，重要な証拠を採取する機会が失われた（アジア女性資料センター［2007a］；フィッシャー［2015］9-53頁）。被害者は後に国家賠償請求訴訟を起こしたが，判決は，性犯罪捜査に関する警察の規範や対応ハンドブックは法的作為義務を規定したものではなく，証拠保全や捜査の必要性を考慮すると県警の対応は違法とまではいえないとして

訴えを却下した（アジア女性資料センター［2007b］）。

　2007広島事件は，４人の海兵隊員が19歳の女性を車内で集団強姦し，金を奪って置き去りにするという残忍なものであった。しかし広島県警は「加害者らが合意の上と主張しており，被害者の供述にあいまいな点がある」として逮捕状請求を見合わせ，地検は証拠不十分として不起訴を決定した。2008年２月に開かれた米軍の予備審問では，被害女性が米兵のうち１人と性交渉に同意していたが，他の３人が車に入ってきて強姦被害に遭ったことが明らかにされた。こうした事情を当初，事情聴取で話せなかった理由について，女性は「自分の軽率な行動が恥ずかしかった」と述べたというが，藤目（［2010］194-196頁）によれば，被害女性は送検の前までには捜査官を信頼して正確な事情を供述するようになっていたという。にもかかわらず，「被害者の供述にあいまいな点がある」とした警察発表は，被害者への二次加害を助長することになった（小田［2009］24-25頁）。

　2008年に沖縄で起きた事件（被害者の仮名により「2008ヘーゼル事件」）は，前夜にホテルに米兵と宿泊したフィリピン人女性が，重傷を負った状態で発見されたものである。しかし那覇地検は同年５月，「行為の場所や行為の前後の状況，両当事者の関係などの事情を考慮した」として，強姦致傷による起訴を見送った。その後の米軍の予備審問で，被告米兵は事件当日，バーに金を払って被害者を連れ出したと述べ，その料金に性的サービスが含まれることは双方の了解事項であったと主張した。一方，被害女性は，売春についても性交についても合意はなかったと主張した。女性は沖縄に来て３日目に被害に遭っており，一緒に外出したフィリピン人同僚らに，強引に加害米兵と同じ部屋に宿泊させられたが，一人では帰宅することもできなかった。彼女はダンサーとして働くために来日したが，空港でエージェントにパスポートを取り上げられており，バーでは契約にない接客をさせられることに戸惑っていた（Stars and Stripes, 2008/6/20）。こうした事情から，女性は人身売買の被害者であった可能性が浮かび上がるが，日本の司法当局がそのように認識し保護を提供した様子はない。被害者が自

らの意思に反して売春とみられる状況に巻き込まれたことは，彼女が性暴力を受けるに至った過程の一部としてではなく，むしろ訴追をしない理由とされたようである。ここには，セックスワーカーの性的権利に対する無理解，偏見があるように思われる。なお米軍の審理過程では，被害女性が性分化疾患を持っていたことが，日本側が女性のみに適用される強姦罪による起訴を見送った理由であるとの証言がなされたが，那覇検察庁はこれを否定している（Stars and Stripes, 2008/10/5）。

　2012年7月に綾瀬市で起きた強姦事件では，オスプレイ配備への影響を懸念する政府の意向により検挙が妨げられているとの週刊誌報道後，事件から4ヵ月以上後に被疑者は書類送検された。結果に関する報道は見当たらないが，「合衆国軍隊構成員等犯罪事件人員調」によれば，この年に受理された3人の強姦致傷被疑者のうち起訴された2人は10月に沖縄で集団強姦致傷事件を起こして有罪判決を受けた者と思われるので，不起訴になった1人はこの事件の被疑者と推測される。週刊誌記事によれば，被害者は事件当日に基地側と県警に通報したが，繰り返し行われる現場検証の辛さと，なかなか告訴状にサインさせてもらえない不安を訴えていた（週刊文春［2012］）。

　このほか，2015年2月に横須賀市で，泥酔した外国人女性を自宅に送って行った米兵が準強姦を起こした事件（「2015横須賀事件」）が不起訴になったことが報道されている。

　これらの事件が，実際にどのような理由で不起訴となったのかは知りようがない。裁判権を放棄する圧力が働いていたことは十分考えられる。しかしここで考えたいのは，不起訴判断がいかに正当化されたのかである。1995年沖縄少女暴行事件の判決において，裁判長は「被害者は小学生で落ち度は皆無だった」ことを強調していた。逆にいえば，被害者の「落ち度」が問題とされうるケースは，司法と社会に共有される性規範に訴えかけることで，不起訴を正当化することがより容易となっているのではないか。とりわけ2007広島事件，2008ヘーゼル事件での捜査機関の説明は，そ

の疑いを強く抱かせる。また，2002横須賀ジェーン事件で提起されたように，被害者への配慮を欠き，過重な負担を強いるような警察の事情聴取も，適切な訴追を妨げている可能性がある。

これらのケースのうち被害者の3人は外国籍女性である。被害者の国籍が判断に影響した可能性はあるだろうか。法務省の刑事裁判権行使に関する実務資料は，「（米軍人の）家族が犯した犯罪で日本国や日本国民に被害は及んでいない事案」については裁判権を行使する必要がないと述べており，外国籍者への被害を日本人と同等に扱わない姿勢が明確である（吉田［2013］216頁）。同資料は「この種事件に関する国民感情の動向」などの事情も勘案すると述べており，地域社会の反応なども検察の判断に影響を与えている可能性がある。

4　米軍の軍法会議と日米安保体制の正当化

差別的性規範の動員による不処罰の正当化は、司法当局の実践を通して行われるだけでなく、日本政府のあからさまな言明を通しても行われている。

2007広島事件，2008沖縄少女事件，2008ヘーゼル事件，2015横須賀事件は，いずれも日本の司法当局が不起訴とした後，米軍による予備審問の結果，被疑者らが軍法会議で裁かれるという経緯をたどった。このうち，2007広島事件，2008沖縄少女事件の軍法会議は異例なことに日本のメディアにも公開され，審理の様子は詳しく報じられた。在日米軍司令部は「米側は犯罪を決して見過ごさないことを見てほしい」と語る一方，今後の公開は「ケース・バイ・ケース」とした（『朝日新聞』2008年6月19日）。性暴力その他の犯罪が頻発し，米軍への目が厳しくなっていた中にあって，これらの裁判は，性犯罪を見過ごす日本の司法当局に代わって正義を行う米軍の規律をアピールする絶好の機会となり，米軍再編を正当化する意味をもったのである（藤目［2010］163-167頁；『朝日新聞』2008年5月7日）。

140

四つの軍法会議で被告らはいずれも有罪判決を受けたが，強姦罪で有罪となった者はいない。米軍の統一軍事法典120条は，強姦を含む性暴力犯罪を細かく類型化しており，日本の刑法規定よりも幅広い形態の性暴力を訴追可能としている。最も暴力的で強制的な形態の性暴力のみが強姦罪にあたるとされ，死刑を含む重大な処罰が科されうる。[4]2007広島事件の被告らは，いずれも司法取引によって罪状のうち最も重大な強姦と誘拐による処罰を逃れ，性的不法行為などで1〜2年の判決を受けた。2008ヘーゼル事件の被告は，売春幹旋，命令不服従の三つの罪状で禁固6月の刑。2008沖縄少女事件の被告は，16歳未満の少女に対する暴力的な性行為で禁固4年（司法取引で3年）。2015横須賀事件の被告は同意のない性行為で拘禁179日とされた。この結果が示すように，軍法会議では軍の規律を回復することに重点が置かれ，被害者の権利回復は二の次に置かれた。また，2007広島事件の軍法会議で，被害女性は容赦ない二次加害にさらされた（藤目［2010］187-200頁）。2008ヘーゼル事件でも，被害者は繰り返し辛い証言に耐えたが，軍法会議では自ら証言する機会すら与えられず，性暴力被害があったことも認定されなかった。米軍検察側は「米国人が売春宿に行き，陸軍のイメージを壊し国際問題になった。われわれは日本人に対して，規則違反を許さないということを示したい」と，軍法会議の意味について語っている（『沖縄タイムス』2009年3月4日）。

実際，軍法会議で正義が行われるという期待は，根拠のない思い込みにすぎない。AP通信によれば，在日米海軍・海兵隊においては，深刻な性暴力であっても軍法会議にかけず行政処分で済ませる傾向が特に2010年以降強まっており，被疑者の多くは服役することなく，ごく軽微な処罰しか受けていない（AP［2014］）。

こうした事実にも関わらず，日本政府もまた米軍とともに，「犯罪を決して見過ごさない」規律ある米軍の像を創り出そうとした。大きな関心を集めた三つの軍法会議が終了した後，国会では，ようやく明らかになった裁判権放棄に関する「密約」について議論が行われた。法務省が，裁判権

7　正当化される不処罰　　141

を行使しなくてもよい例として「日本国の当局において処罰するよりも，合衆国の軍当局においてその者を処罰することの方がより一層刑罰の目的を達し得ると認められる事情」を挙げていることについて，具体的な内容を明らかにするよう迫った赤嶺政賢議員の質問に対する法務省の答弁は，以下のようなものであった。

> 強姦等の例を挙げておっしゃられたわけでございますが，同じ案件でも，証拠関係によっては，日本ではなかなかうまく処分できないというような場合もあり得るわけです。そうではなくて，米軍側の規律によればきちんと処分がなされるという場合も考えられるのではないかというふうに思っております。(……) 先ほどの証拠関係の話でいえば，例えば強姦事件については，和姦でなかったことの立証がなかなか難しいというような場合もあり得るわけでございまして，そういった場合に不起訴とせざるを得ないということも考えられるところでございます。(2009年6月10日第171国会衆議院外務委員会)

法務省は，日本側が不起訴としても「米軍側の規律によればきちんと処分がなされる場合がある」として，裁判権の放棄を正当化しているだけではない。米軍は，性暴力を引き起こし続けているにもかかわらず，厳格な規律を備え，日本の司法機関に代わって最終的に正義を行いうる存在として描き出されている。同時に法務省は，「和姦でなかったことの立証がなかなか難しい」，すなわち支配的な性の規範から外れる場合には，事件は「不起訴とせざるを得ない」として，訴追に値しないことを示唆している。規律維持を目的とする米軍の刑事司法制度と，性秩序の維持を重視する日本の刑事司法制度の前で，被害者の正義への道は閉ざされているのである。

5　結論

1995年の沖縄少女暴行事件に対する異議申し立て以後，女性に対する暴力は容認されないという国際規範は，国際社会と日本に浸透し，大きな変

化をもたらしてきた。しかし在日米軍関係者による性暴力への対応が実質的に改善されてきたとはいえない。情報へのアクセスが制限されており，また日米両法の司法制度が接する形で処理されているために，全体像を把握することさえ困難である。本研究では日本側の限られた資料に依拠しながらも，在日米軍関係者による性暴力が依然として基地を抱える地域に大きな脅威をもたらし続けていること，また検挙に至った場合でも，8割以上が不起訴とされ，不処罰が横行していることを確認した。

　不平等な日米地位協定，および裁判権放棄に関する「密約」で明らかになった裁判権不行使の圧力は，性暴力事件においても，捜査・訴追を妨げる構造的な制約となっていると考えられる。しかし日本の司法主権は，ただ不平等な日米関係によって制約されているのではない。不起訴とされた事件の分析から明らかになったように，性暴力被害者の「落ち度」を厳しく問うような男性中心的性規範，被害者に過酷な負担を強いる刑事司法の制度と実践は，米軍性暴力事件の8割超が不処罰になっているという異常な事態を正当化するうえで，大きな役割を果たしていると考えられる。

　法務省はさらに，日本政府に代わって正義を行いうる規律ある米軍という像を米軍と一緒に構築することによって，日米安保体制を正当化していた。実際には，米軍法会議の目的はあくまで米軍の規律保持にあるにも関わらず，これを米軍とともに正義の保証とみなすことで，日本政府はまた，適切な司法プロセスを通じて性暴力被害者の尊厳と権利を回復する国家の責任を棚上げにしているのである。

　このように，性的規範を動員しながら不処罰を正当化する刑事司法制度のはたらきに注目することで，本稿は，在日米軍犯罪の不処罰を「対米従属」の問題に還元するのではなく，従属的な関係において，日本の主権がいかに不処罰を容認しつつ，あたかも正義が保証されるかのように遂行されているのか，それがいかにある種の人々の権利回復を妨げ，安全保障を危うくするかに焦点をあてようとした。

　在日米軍による性暴力がこのように容認され続けている状況は，また，

7　正当化される不処罰　　143

安全保障と性暴力に関する国際規範の適用における大きなギャップを示している。1990年代に，性暴力を含む「女性に対する暴力」が，ジェンダーにもとづく支配を維持する装置として問題化されたことは，女性の安全が日常的に脅かされている現実から，国家・軍事中心の安全保障の概念を問い直す動きにもつながった。まさにこうした動きのなかで，沖縄のフェミニストたちは，在日米軍がもたらす構造的な暴力を問うたのである。しかしその後，国際社会の関心は，もっぱら武力紛争下における性暴力にのみ向けられており，軍事力による安全保障という枠組みは問われないままである。「平時」において軍の性暴力を容認し続ける秩序こそがあらためて問われなければならない。

　最後に，冒頭で述べたように，本研究は日本の刑法で規定された性犯罪の枠組みによって作成された統計や報道に基づいているため，この枠組みに納まらない多様な性暴力の不可視化を追認する危険を冒している。おりしも2017年は，親告罪規定の撤廃や強姦罪のジェンダー中立化を含む，刑法性犯罪規定の大幅な見直しが行われた。これは，性暴力にまつわる強固な社会的偏見をとりはらい，正義へのアクセスを高める重要な一歩だが，さらに多くの課題も議論されつつある。本稿の分析においても，ジェンダーに基づく性の二重基準とともに，被害者のセクシュアリティ，セックスワーカーへの偏見，国籍といった要素が，不起訴の正当化に影響をあたえている可能性を指摘した。米国の軍事的覇権，国際安全保障体制の規範といったマクロな権力関係と，日本社会に固有の歴史的関係の中で形成されたジェンダー，セクシュアリティ，人種，国籍，障害といった多様な要素が関わる権力関係が交差する状況の下で，米軍の性暴力がどのように生じ，どのように理解され対応されているのか，より多角的な視野から明らかにすることを今後の課題としたい。

　　【付記】本研究は「文部科学省特別経費（国立大学機能強化分）」の助成を
　　　　受けた。また，日本平和委員会からは法務省「合衆国軍隊構成員等犯罪

事件人員調」を提供いただいた。記して感謝申し上げる。

注

1 2014年の内閣府調査によれば、「異性から無理やりに性交されたことが
ある」と答えた女性のうち、警察に連絡・相談したのは4.3%だった（内
閣府男女共同参画局［2014］66-67頁）。

2 http://www.sapr.mil/

3 米国内基地における性暴力被害に関する調査では、民間人が被害者の
半数以上を占めており、その多くは軍人の家族と、基地周辺に居住する
女性であった（Office of Senator Kirsten Gillibrand［2015］）。

4 120条は2007年に主要な改定が行われ、さらに2012年に改訂された。

参 考 文 献

Aroussi, Sahla［2011］, "'Women, Peace and Security': Addressing Ac-
countability for Wartime Sexual Violence." *International feminist journal
of politics,*. 13(4): pp. 576-593.

Enloe, Cynthia［1989］, *Bananas, Beaches and Bases: Making Feminist Sense
of International Politics*, Pandora Press.

True, Jacqui［2012］, *The Political Economy of Violence against Women*,
Oxford studies in gender and international relations, New York: Oxford
University Press.

U.S. Department of Defense［2017］, Annual Report on Sexual Assault in the
Military, Fiscal Year 2016.

Vine, David.［2015］, *Base Nation: How U.S. Military Bases Abroad Harm
America and the World*, Metropolitan Books（西村金一監修、市中芳江他
訳［2016］、『米軍基地がやってきたこと』原書房）.

秋林こずえ［2004］、「安全保障とジェンダーに関する考察——沖縄『基
地・軍隊 を許さない行動する女たちの会』の事例から」『ジェンダー研
究』お茶の水女子大学ジェンダー研究センター。

浅野健一［2001a］、「沖縄米兵強かん事件でメディアは何をしたか」『創』
2001年10月号、創出版。

浅野健一［2001b］、「沖縄米兵強かん事件で被害者の匿名守る取り組み」
『創』2001年11月号、創出版。

アジア女性資料センター［2007a］、「被害者を二度苦しめる警察の暴力」
『女たちの21世紀』No.49、77-79頁、アジア女性資料センター。

アジア女性資料センター［2007b］，「不当判決でした──警察のセカンドレイプを問う裁判」2007/12/04（http://jp.ajwrc.org/708）。

大阪弁護士会人権擁護委員会性暴力被害検討プロジェクトチーム［2014］，『性暴力と刑事司法』信山社。

小田智敏［2009］，「ヒロシマの『平和』の内実を問う性暴力事件」東琢磨編『広島で性暴力を考える──責められるべきは誰なのか？　性・家族・国家』ひろしま女性学研究所。

熊野沙織［2015］，「フィリピン人女性の米軍基地被害に関する一考察」『グローバル人間学紀要』（大阪大学大学院人間科学研究科グローバル人間学専攻）8，71-86頁。

恵泉女学園大学平和研究所編［2007］，『占領と性──政策・実態・表象』インパクト出版会

週刊文春［2012］，「米兵レイプ犯を逮捕させない日本政府」『週刊文春』2012年8月16-23日，28-31頁。

杉田聡編著［2013］，『逃げられない性犯罪被害者──無謀な最高裁判決』青弓社。

高里鈴代［1996］，『沖縄の女たち──女性の人権と基地・軍隊』明石書店。

角田由紀子［2013］，『性と法律：変わったこと，変えたいこと』岩波書店。

内閣府男女共同参画会議　女性に対する暴力に関する専門調査会［2012］，「『女性に対する暴力』を根絶するための課題と対策──性犯罪への対策の推進」。

内閣府男女共同参画局［2015］，「男女間における暴力に関する調査（平成26年度調査）」（http://www.gender.go.jp/policy/no_violence/e-vaw/chousa/h26_boryoku_cyousa.html）。

林博文［2014］，『暴力と差別としての米軍基地：沖縄と植民地──基地形成史の共通性』かもがわ出版

平井和子［2014］，『日本占領とジェンダー──米軍・売買春と日本女性たち』有志舎。

フィッシャー，キャサリン・ジェーン著，井上里訳［2015］，『涙のあとは乾く』講談社。

藤目ゆき［2006］，『性暴力問題資料集成（別冊）』不二出版。

藤目ゆき［2010］，『女性史からみた岩国米軍基地──広島湾の軍事化と性暴力』ひろしま女性学研究所。

布施裕仁［2010］，『日米密約──裁かれない米兵犯罪』岩波書店。

谷田川知恵［2007］，「強姦罪の暴行と同意」浅倉むつ子・角田由紀子編

『比較判例ジェンダー法』不磨書房，18-48頁。

谷田川知恵［2012］，「性暴力と刑法」戒能民江他編『暴力からの解放（講座ジェンダーと法〔第3巻〕)』185-199頁。

吉田敏浩［2010］，『密約——日米地位協定と米兵犯罪』毎日新聞社。

琉球新報社地位協定取材班［2004］，『検証地位協定——日米不平等の源流』高文研。

［お茶の水女子大学大学院生＝ジェンダー・国際関係論研究］

8 出口戦略のディレンマ

構築すべき平和の多義性がもたらす難題

中 村 長 史

は じ め に

本稿の目的は，戦争を終わらせることは難しいとされる原因について，「出口戦略のディレンマ」という概念を鍵として構造的に明らかにすることにある。これまで，多くの研究者が平和の達成に貢献するべく開戦を避け難くする原因の特定に携わってきた。その結果，「安全保障のディレンマ」論をはじめ，平和への処方箋のもととなる診断書が作成されてきた。一方，終戦を難しくする原因については，学術的に論じられる機会が意外なほどに乏しい。

この点につき，個々の戦争はそれぞれに特徴的である以上，開戦原因同様，複数の原因が考えられるが，本稿では，終戦決定は難しいという言説が繰り返されている点に着目し（US Government［2011］；UN DPKO/DFS［2008］pp. 87-88），多くの事例に共通するような構造的な原因の解明に取り組む。もっとも，紙幅の制約により，ここであらゆる戦争について論じることは難しい。そこで，本稿では，冷戦終結後の「新しい戦争」の一類型である対テロ先制自衛型の武力行使に分析の焦点を当てる。より厳密にいえば，領域国内の平和定着を領域国外からの派兵によって実現しようとする試みを「武力を用いた平和活動（armed peace operation）」と概念化したうえで，終戦（撤退）とは，そのような活動に当たっていた駐留軍の活

動終了を指すこととする[2]。

　全面戦争では，戦争に賭けているものが大きいため，継戦意思が挫かれるというよりも，継戦能力の物理的な低下によって撤退を余儀なくされる。それゆえ，いつ，なぜ終わり，誰が勝ったのか，疑う人は少ない（藤原[1998] 273頁）。一方，非対称な力関係のもとになされることが多い今日の軍事介入においては，戦力が圧倒的な介入国からすれば戦場が常に国外となり，敗戦により撤退を強いられるというよりも，介入の時期を選ぶように撤退の時期を選択することとなる。また，近年では，介入をしておきながら平和構築を行わないまま撤退するわけにはいかず（UN. Doc. A/55/305-S/2000/809［21 August, 2000］para28; Blair［2010］p. 248），しかも，長期的な平和構築のコストは短期的な軍事介入のコストをはるかに上回る。そのため，終戦（撤退）決定に際しての政策の裁量や責任が大きく，出口戦略の重要性が高まっている。これらの点を踏まえれば，冷戦終結後の武力を用いた平和活動について理解する重要性が高いといえるだろう。

　立論に入る前に，以下の2点を確認しておきたい。まず，いかなる大国といえども必ずしも介入先での長居を望んでいるわけではない。戦争が長期化すれば，かさむコストに対する国内の支持を得られず[3]，現地からは征服者であるとの反発が生まれるためである[4]。また，撤退決定に際しては法的な制約もなく（違法な介入はあれども「違法な撤退」という概念はない），介入国の政策の裁量が大きいようにみえる。にもかかわらず，撤退決定が難題であるとされるのはなぜか。

　以下，本稿の流れとしては，まず第1節において，撤退決定の難しさについて，先行研究がどのように論じてきたかを振り返り，その問題点を指摘する。次いで，第2節では，先行研究の問題点を克服するべく，「出口戦略のディレンマ」という概念を新たに提起する。最後に，結論として本稿の議論をまとめたい。

　結論を簡潔に先取りすれば，撤退決定が困難になるのは，出口戦略を十分に練る意思や能力が介入国には欠けていたからであり，そのことを事後

的に（撤退しようとする段階になって）後悔すると捉える先行研究に対し，本稿は，たとえ介入国がそのような意思や能力を持っていたとしても，事前に（介入しようとする段階から）撤退について苦悩することになる原因を指摘する。回復すべき平和の状態が比較的明確な国際平和（たとえば，湾岸戦争時のイラクからのクウェート解放）と異なり，武力を用いた平和活動が目指す国内平和の場合は，何が目指すべき平和なのかにすでに議論がある。このような状況下で，様々な利害・価値観を持つ諸主体から介入への支持を得るために，多様な解釈が可能な目的が大義名分として掲げられることになる。その結果，介入目的を達成したかの判断基準が複数生じることとなり，活動終了を主張する勢力（終了派）が活動継続を主張する勢力（継続派）に対して撤退を正当化することが難しくなる。本稿では，このような関係を「出口戦略のディレンマ」と概念化するが，撤退決定の困難さとは，介入正当化を容易にした代償なのである。

　なお，本稿は理論を事例によって検証したと主張するものではなく，あくまでも理論構築のために事例を採りあげる。限られた紙幅のなか，代表的な事例といえるアフガニスタンへの介入を主に扱うこととする。

1　先行研究：「事後の後悔」への着目

　撤退決定を困難にする要因として，まず考えられそうなのが，平和活動における介入国の苦戦である。平和活動が必ずしも所期の目的を達成できない原因については，近年，その原理的な難しさが強調され，過度の期待を戒める議論が提出されている（Goldsmith and Krasner [2003]；石田[2011]；中村 [2014]）。たしかに，活動に苦戦することで，活動が順調に行われた場合よりも撤退決定が難しくなることは，十分にあり得そうなことではある。しかし，介入国が活動に苦戦することをあらかじめ予想していれば，それに合わせた出口戦略を立てておくことが，なお可能なはずではないか。むしろ，活動が順調にいくことがごく稀であることを考慮すれ

8　出口戦略のディレンマ　151

ば，苦戦は分析の前提としてよく，そういった場合に撤退を決定すること
が，なぜ難しいのかにまで踏み込んで論じる必要がある。

　この点につき，既存の議論は，撤退決定の難しさは出口戦略の不備に起
因するものであり，そのことを介入国政府は撤退しようとする段階になっ
て後悔すると考えてきたといってよい。具体的には，介入国の驕りによる
見通しの甘さ（Rose［2010］p. 276）や性急な選挙実施による混乱（Paris
［2004］pp. 6-8, 163-164；Lake［2010］pp. 32-33, 41-43）といった原因が挙げ
られてきた。前者は，介入国政府が出口戦略を十分に練る意思を欠いてい
たと捉えるものであり，後者は，出口戦略を十分に練る能力を欠いていた
と捉えるものであると整理できる。

　まず，前者の「意思欠如型出口戦略不備論」について考えてみよう。た
しかに，超大国となった米国が希望的観測に基づいて行動し，出口戦略を
十分に練ろうとしなかったという説明は，2003年のイラク戦争においてよ
く当てはまる。しかし，一般的に，介入国が驕りを捨てさえすれば，不備
のない出口戦略が立てられるものなのだろうか。むしろ，経験的には，米
国が主導した事例においてさえ，イラク以外の事例では，十分な説明がつ
かない。たとえば，1990年代のボスニア介入に際しては，ブッシュ・シニ
ア政権もクリントン政権も複雑な民族問題を前にして介入断行に慎重であ
り続けたし，そのボスニアの際以上に複雑な状況になるとの予想が強かっ
たアフガニスタン介入に対するブッシュ・ジュニア政権の姿勢もまた非常
に慎重なものであった。政府内の会議においては，英国・旧ソ連といった
大国が苦しめられてきた歴史が意識され，より対処が容易なイラクを先に
攻撃するべきだという案が一時期議論されたほどであった（Woodward
［2002］pp. 49, 60-61, 83-91）。いずれの政権においても，いかに撤退をする
かについて議論を重ねており，驕りひいては希望的観測を抱くような状況
からはほど遠い状況だったのである（Halberstam［2001］pp. 131, 200;
Woodward［2002］pp. 80, 82）。にもかかわらず，両事例を含めた多くの事
例において撤退決定が困難であるとされていることを考慮すれば，より構

造的な原因があると考えるべきではないか。

　続いて，後者の「能力欠如型出口戦略不備論」について確認しよう。早期撤退を図るため出口と設定した選挙の実施を急ぐと混乱を招き，かえって早期撤退が難しくなるとの指摘は，たしかに興味深い。また，被介入国が混乱に陥ったことで，選挙が平穏に行われた場合よりも撤退決定が難しくなることは，十分にあり得そうなことではある。しかし，選挙後に混乱が生じたところで，早期撤退自体は可能であるため，撤退決定がなぜ難しいのかについて正面から論じる必要は，なお残る。また，選挙後に紛争に逆戻りせず早期撤退が可能になったという意味で，今日「成功」と評価されている事例においてさえ，撤退決定は決して容易ではなかった点にも留意が必要である。たとえば，1993年の選挙実施を見届けて国連カンボジア暫定統治機構が撤退したカンボジアにおいても，現地社会の自由民主主義化が不十分であるとの指摘は強く，活動継続派には不満が残っていたという（Gottesman［2002］p. 350）。このように活動が比較的順調にいった場合にさえ，終了派にとって継続派を説得することが難しいのは，なぜか。疑問は残されたままである。

2　出口戦略のディレンマ：「事前の苦悩」への着目

1　事後の後悔から事前の苦悩へ

　以上のように，先行研究は二つの類型に分けることができるが，介入国政府が，自分たちは出口戦略を十分に練る意思や能力を欠いていたと撤退決定に苦労する段階になって後悔すると捉える点では共通している。これに対し，本稿は介入国政府がたとえ十分な意思や能力を持っていたとしても撤退決定に苦悩すると捉える。そして，その苦悩は，撤退正当化に関するものであり，介入断行前の段階から介入国政府につきものだと考える。すなわち，先行研究のように「事後の後悔」ではなく，「事前の苦悩」に着目するのである。

この視点の転換によって，著しく合理性を欠いた政策決定者を想定せざるを得ない先行研究に対し，一定の合理性を持った（採り得る政策の選択肢とその費用便益を冷静に検討できる）政策決定者にとってさえも撤退決定が難しい原因を論じることができる。すなわち，より構造的な議論を展開することが可能となる。そして，このことには，理論的のみならず実践的にも意味がある。介入国政府には出口戦略を十分に練る意思や能力が欠けていたと批判することでのみ満足し，当時の政策決定者の愚かさを嘆くばかりでは，優れた（優れているようにみえる）政策決定者が現れたとき，軍事介入の是非を慎重に検討しようとする姿勢が失われかねない。政策決定者の個人的資質によらない構造的な原因を理解することは，軍事介入の必要性を厳しく問い続けるうえでも重要なことなのである。

2　出口戦略のディレンマ

　この視点の転換を踏まえたうえで，本節では，撤退決定はなぜ難しいのかという問いについて，先行研究が積み残した点，すなわち終了派にとって継続派を説得することが困難なのはなぜかという観点から取り組む。終了派が撤退の正当化に心を砕いている様子は，枚挙に暇がない。たとえば，米国はアフガニスタンからの撤退を決定するにあたり，かつてソ連が同地から撤退した後，権力の空白に伴い現地の治安状況が急速に悪化しテロの温床となった歴史を踏まえ，撤退後の治安を不安視する声に配慮する発言を政府や軍の高官が繰り返している。アフガニスタン駐留米軍のジョゼフ・ダンフォード（Joseph F. Dunford）司令官が，かつてのソ連撤退に伴う現地の治安悪化を想起させないよう，撤退ではなく「再配置（transition）」という言葉を用いているのは，その典型例だろう（*Washington Post,* 4 June, 2014）。以下，①なぜ継続派と終了派に分かれるのか，②なぜ継続派と終了派の分裂が続くのか，という二つの作業上の問いに分けて，答えていこう。

　（1）公表問題とコスト問題

まず，第一の問いについては，活動終了期限公表や撤退実行によって引き起こされる事態の予想をたとえ共有できたとしても，その評価（メリットとデメリットの比較衡量）を共有できないからだと考えられる。活動終了の期限を示さなければ，現地の親介入国勢力は介入国に依存するようになりかねず統治の責任感をもたせることができない。とはいえ，期限を早い段階から公表すると反介入国勢力に抵抗の誘因を与えることになりかねない（Walzer［2004］p.72）。このとき，二つの予想についてともにあり得るとの認識で一致をみたとしても，現地のオーナーシップを重視する主体は前者のメリットを，事態のコントロールを重視する主体は後者のデメリットを優先することになり，終了派と継続派に分かれる。現地のオーナーシップを確立するためには，外部主体によって事態が一定程度コントロールされる必要がある（Paris and Sisk［2009］p.305）この原理的な矛盾のなかで，いずれをより重視するかにより分派が起きるわけである。この問題を「公表問題」と呼ぼう。

　また，活動を終了しなければ介入国は膨大なコストから逃れられないし，現地政府ではなく介入国が治安権限を持つことに反発する勢力からの攻撃によってかえって治安が悪化しかねない。とはいえ，介入国の撤退は現地において権力の空白を生じさせることから治安悪化を招きかねず，結局再度介入することになれば，やはりコストがかかる。たとえば，東ティモールでは PKO 撤退から 1 年後に騒擾が発生し PKO が再度派遣されることになったし，イスラーム国の勢力拡大を受けて撤退から 3 年後に米軍はイラクに再介入した。公表問題同様，これらの予想を共有できたとしても，現地のオーナーシップを重視する主体は前者のメリットを，事態のコントロールを重視する主体は後者のデメリットを優先することになり，終了派と継続派に分かれる。この問題を「コスト問題」と呼ぼう。

　このように，各主体は，その利害や価値観によって分派するのである。たとえば，選挙前にコスト削減を有権者にアピールしたい派兵国の政治家は，終了派になりやすいだろう。一方，ひとたび期限が示されれば国内的

にも国際的にも公約化し状況の変化に応じて政策を変更する柔軟性が失われやすくなるため，軍事戦略策定の裁量を重視する軍は，継続派になりやすいだろう。また，被介入国へ影響力を伸長したい第三国は終了派，そのような国の台頭や自国への紛争の飛び火を懸念する第三国は継続派になりやすいといえる。

　では，このような分裂は，なぜ続くのか（第二の問い）。それは，公表問題にせよ，コスト問題にせよ，継続派・終了派ともに一定の正当化が可能な（容易に反駁されない）論理が準備されているため，互いに相手を説得することが困難だからだと考えられる。中立的な立場にあるアナン国連事務総長（Kofi Annan）が，イラクにおける米軍駐留継続はむしろ治安悪化につながると懸念すると同時に，米軍撤退もまた治安悪化につながると懸念したことは，終了派と継続派が互いに相手を説得することが如何に困難かを示唆している（UN Secretary General's Off-the-cuff Archives［21 November, 2006]）。

　この公表問題とコスト問題は，米国のアフガニスタンからの撤退をめぐる議論においても看取できる。2009年12月，オバマ政権は，兵力削減開始時期を示しながらも同時に増派を決断し，撤退を決定しきれなかったが，その背景には両問題があった。数年前にイラクからの撤退をめぐる議論が米議会上下院軍事委員会公聴会等で活発であったため（US House Committee on Armed Services, *U.S. Military Transition Teams in Iraq*: Hearings on 109th Congress［November 15, 2006]），活動終了期限の公表や撤退実行がもたらす事態について，少なくとも米国内の継続派・終了派は互いの予想が共にあり得ることは理解していたと思われる。しかし，現地のオーナーシップを重視する終了派（米国では副大統領や駐アフガニスタン大使，議会多数派の民主党議員の多く，第三国では派兵国の多くと周辺諸国のイランが明示的に終了派として行動した）が，カルザイ政権に治安を担う責任感が薄いことへの懸念から期限の公表を主張した一方，事態のコントロールを重視する継続派（米国では国防総省や軍，有力な共和党議員，アフガニスタンでは政

策決定者の多くが明示的に継続派として行動した）は，タリバーンやアルカ
イダに抵抗の誘因を与えない点を優先し公表に慎重であった。

　また，終了派は，頑なに外国軍の撤退を求めてテロ攻撃を続けるタリバ
ーンの姿勢を踏まえて，米軍の存在がむしろ治安悪化を招いている可能性
を指摘しつつ，活動を継続した場合のコストを問題にした。米国務省に提
出した辞表にてこの点を指摘し特に注目を集めたのが，アフガニスタン南
部の復興作業を率いながら2009年9月に辞任したマシュー・ホー（Matth-
ew Hoh）氏であった（大治［2012］164-165頁）。2010年12月の段階でも，
駐留米軍の視察に訪れたゲーツ（Robert M. Gates）国防長官に対して，第
101空挺師団指揮官のキャンベル（J. F. Campbell）少将が同様の報告をし
ている（Gates［2014］pp. 498-499）。当初はカブール周辺にのみ展開して
いた国際治安支援部隊（ISAF）が2006年には全土に拡大したことにより
コストが多国間で分担されていたものの，2007年以降イタリアやカナダ，
オランダ等の派遣国が国内事情により撤退を真剣に検討せざるを得ない状
況になり，韓国軍はすでに撤退していた。現地のカルザイ政権が混乱して
いたため，米国のコストは増えこそすれ減る見込みはなく，終了派の主張
は説得力を高めていた。一方，継続派は，かつてのソ連撤退後のように現
地に権力の空白を生じさせれば再びテロの温床となりかねず，現在のよう
に再度介入することになれば結局コストがかかると主張した。空爆や一般
住居に押し入っての摘発により文民が被害や苦痛を受けているにもかかわ
らず治安が改善しない結果，反米勢力に共鳴する者が続出していたため
（Bush［2010］p. 217），この主張にも一定の説得力があった。継続派・終
了派ともに互いを説得しきれないなか（Woodward［2010］pp. 279, 295, 308,
324-330; US Senate Committee on Foreign Relations, Hearings on 112h Congress
［Sep 16; 17; Oct 1; 6, 2009］），兵力削減開始時期を示しながらの増派という
折衷案に落ち着いたと考えられるのである。

（2）目的の多義性と目的達成判断基準の複数性

　もっとも，継続派と終了派が活動目的の達成について合意できれば，新

たな目的を設定しないかぎり政策論争に終止符が打たれるはずである。そうだとすれば，根本的な原因は，介入決定時に国際的・国内的に広範な支持を獲得するために大義名分が掲げられることによる活動目的の多義性，ひいては目的達成判断基準の複数性に求められるのではないか[7]。たとえば，国内紛争が再発しないための環境づくりという目的が掲げられれば，多様な解釈が可能なゆえに，利害や価値観を異にする主体も受け入れやすくなる。ただし，一口に国内紛争の再発防止といっても，被介入国全土の攪乱者の撃滅までするのか，被介入国治安部隊の態勢が整うまでの間の警備なのかというように，目的達成判断基準が複数あり得る。これでは，終了派が後者の緩やかな基準に即して議論する一方，継続派は前者の厳しい基準を持ち出すということになりかねない。

　もちろん，異なる解釈を許さない一義的な目的を掲げることで，多数の同意を確保するということも論理的にはあり得る。しかし，侵略への対処といった国際平和を目指す事案においては，湾岸戦争時のようにイラクからのクウェート解放といった一義的な目的を掲げやすいのに対して，国内平和を目指す平和活動では，そのような目的を設定しにくい。たとえば，紛争再発の恐れが無視できるほどに小さくなったことをもって国内平和は達成されたとする見方があるのに対して，被介入国の住民の人間開発や福祉といった，より長期的な観点をも重視するべきだという考え方がある（Paris and Sisk［2009］p. 306）。それに加えて，外部主体はどの段階までを目指すべきなのかに議論があるといえる。そもそも構築すべき平和が多義的であるがゆえに一義的な目的を掲げにくいところ，介入正当化のためにますます多義化するのである。

　この点につき，米国の軍・国務省双方のトップを歴任したパウエル（Colin Powell）の言動は，興味深い。ソマリア介入に際し，統合参謀本部議長であったパウエルは，後々の撤退決定を容易にするため一義的な目的に限定するべきだと主張したが（Halberstam［2001］pp. 250-251），国務長官として臨んだアフガニスタン介入においては，任務膨張を懸念しながら

も，国際的・国内的支持調達のために多様な解釈が可能となる介入目的を提案した（Woodward［2002］p. 49）。その時々の職務に忠実なパウエル個人が異なる時点で抱えた苦悩からは，政府が同時に直面する介入正当化と撤退正当化のディレンマが垣間見える。

　そのアフガニスタン介入にあたっては，主犯格とされたビン・ラディン容疑者の捕捉に特化して活動を行うことも可能であった（多谷［2016］viiii頁）。しかし，実際には，テロの再発防止のためテロの温床をなくすという目的が掲げられるに至った（*Public Papers of the Presidents of the United States: George W. Bush*, Book Ⅱ［2001］, pp. 1201-1202）。ここで，ビン・ラディン容疑者の捕捉に目的が絞り込まれなかったのは，実現できなかった場合の政治的コストを避けるのと同時に（Woodward［2002］p. 43），様々な利害・価値観を持つ国内外の主体への正当化を図るためだと考えられる。すなわち，対内的には，冷戦期のソ連に代わる仮想敵として，個別のテロリズムではなくテロリズム全体を仮想敵とする方が説得しやすかった（古矢［2008］184頁）。また，テロリズム全体を対象とすることで，対外的にも，自国内に「テロ組織」を抱える国々の支持を取りつけやすくなった（Woodward［2002］p. 32）。安保理の常任理事国であるとともに，周辺諸国への影響力が強いロシアや中国の意向は，この局面で特に重要であったが，その結果，多義的な目的が生まれることになったのである。

　ここで確認しておきたいのは，アフガニスタンが，米国本土へのテロ攻撃における犠牲に対して国内世論はもとより国際世論からも同情が集まり，NATO 初の集団的自衛権行使として武力行使が正当化された事例だということである。米国は，欧州諸国等から続々となされた武力行使への支援の申し出を，英国を除き「足手まとい」になるからと「ありがた迷惑」と考えている節さえあった。このような介入正当化が比較的容易な事例においてもなお，より多くの支持を得るために目的の多義性が生じるのである。

　しかし，この目的の多義性こそがアフガニスタンからの撤退正当化を困難にしていくこととなる。2011年5月にビン・ラディンの標的殺害がなさ

れ，6月には一部戦闘部隊の撤退と2014年までに治安権限をアフガニスタン政府に移譲することが決定した。この移譲自体は2013年6月より順次なされたものの，完全撤退の決定は，2014年5月まで待たねばならなかった。ここには，公表問題とコスト問題を容易に解消し得なくする，目的達成判断基準の複数性がみられる。

オバマ政権発足時，何をもってテロの温床化防止を達成したといえるのかについての答えは，目的の多義性ゆえに十人十色であり，現地の軍人の中でさえ見解が分かれていた（Woodward［2010］p. 71）その後，オバマは増派の目的を注意深く限定（アルカイダ討伐とアフガニスタン政府が対応できる程度までのタリバーン弱体化）したが，それはあくまでも政権内部での秘密命令であり，戦略見直しに関する議論における妥協の産物でもあったため政権内でさえ異なる解釈の余地があった（Woodward［2010］pp. 330-333）。ビン・ラディン殺害の余韻がなお残る2011年5月に開かれた上院外交委員会で，タリバーンの存在がある限りアルカイダに限らずテロ組織の隠れ家となり，パキスタンの核兵器が略奪される危険もあるとの議論が展開されたことは，その象徴であった（US Senate Committee on Foreign Relations, *Al Qaeda, the Taliban & Other Extremist groups in Afghanistan and Pakistan*, Hearings on 114h Congress［May 24, 2011］）。継続派は，テロの温床化防止達成には，あくまでもタリバーンの無力化が必要だとする厳しい判断基準を持ち出して議論を続けたのである。

終了派は，米国外の継続派の主張にも向き合わなければならなかった。たとえば，米軍撤退後にパキスタンがタリバーンを利用して影響力を強めるのを懸念するアフガニスタン政府の意向を無視し難かった（*New York Times*, May 10, 2013）。事態の打開にはタリバーン穏健派との和解が必要不可欠であったが，その法的地位等をめぐり公式ルートでの交渉開始すらままならない状況が続いた。この間，任期満了が近づくカルザイが反米姿勢を強め，駐留米軍の地位を定める安全保障協定への署名を先送りするようになると，2013年7月には米政府内でも完全撤退が真剣に模索された

（*New York Times*, July 9, 2013）。しかし，後任の大統領選主要候補を含むアフガニスタンの政策エリートの多くは，協定への署名に賛成するとともに，タリバーン等との内戦に逆戻りし再びテロの温床と化す懸念を再三表明した。結局，アフガニスタン大統領選挙の最中に，2016年末までの完全撤退決定が発表されたが，[9]ここでも，厳しい判断基準に沿って議論をする継続派を納得させることは最後まで容易ではなかったのである。

　以上をまとめると，継続派・終了派間の政策論争決着を困難にする公表問題とコスト問題が存在するが，両問題が容易に解消されない原因は，介入正当化を容易にする活動目的の多義性が，目的達成判断基準の複数性という形で撤退正当化を困難にするという構造に求められる。これが，本稿が指摘する「出口戦略のディレンマ」である。

お わ り に

　本稿では，撤退決定が困難であるのはなぜかという問いに取り組んだ。介入国は出口戦略を十分に練る意思や能力を欠いていたことを撤退しようとする段階になって後悔すると論じてきた先行研究に対し，本稿は，たとえ介入国が出口戦略を十分に練る意思や能力を持っていたとしても，撤退決定は難しくなると捉えた。優れた介入国の政策決定者であっても，介入しようとする段階から撤退正当化をめぐる苦悩を抱えているからである。いわば，介入国政府を非合理な主体という仮定から解放してもなお，撤退決定は難題であると論じてきたわけであるが，結びにあたって以下の3点を確認しておきたい。

　第一に，平和活動からの撤退決定が困難であるのは，何が目指すべき平和なのかにすでに議論があるなか，介入正当化を容易にする目的の多義性が，目的達成判断基準の複数性という形で撤退正当化を困難にするためと考えられる。活動開始後，公表問題とコスト問題によって継続派と終了派の分裂が生じるが，目的達成判断基準の複数性は，その分裂を強め撤退決

定を難しくするのである。本稿では，この関係を「出口戦略のディレンマ」と概念化した。なお，この議論は，イラク戦争のような当初の介入目的が消失した特殊な事例においても適用可能だと考えられる[10]。イラク介入は，大量破壊兵器廃棄やアルカイダとのつながりを断たせることを目的に始まったが，ほどなくして，それらが誤った情報に基づくものであると判明し，大義名分が消失した。しかし，皮肉にも米軍の駐留中に，かえってテロリズムが頻発する事態になったため，テロの温床化防止という目的が新たに設定されて活動が続けられた。このような場合においてさえも，新たな目的が設けられた後は，本稿の枠組みに沿った議論が可能であるように思われる。すなわち，活動継続正当化を容易にするものが活動終了正当化を困難にするとして理解できるのである。詳細な記述にはなお別稿を要するが，このような議論の適用可能性を有していることを確認しておきたい。

　第二に，イラク戦争に典型的なように，介入によってかえって現地の治安が悪化するがゆえに撤退が難しくなる面があることはいうまでもないが，構築すべき平和の内容が豊かであることが終戦決定を難しくする背景となっている点にも目を向ける必要がある。これは，平和の定義を常に問いなおそうとする平和研究にとって，とりわけ重要な点ではないだろうか。

　第三に，本稿は，単に政策決定者を擁護することで現状を追認するよう促すものではない。現状に対する健全な批判精神を備えてこその平和研究だとすれば，本稿のそれは，介入国政府には出口戦略を十分に練る意思や能力が欠けていたと批判することでのみ満足する人々に向けられる。今日，平和活動の困難さが目立つにつれ，米国等で介入への消極的姿勢が強まっている。ここで，介入国政府の愚かさを嘆くばかりで，それを単なる一過性のシンドロームに終わらせてしまっては，ほとぼりが冷めるや否や簡単に反転し，再び慎慮なき介入の時代を迎えることになりかねない。真に歴史の教訓から学ぶのであれば，次の機会には，ディレンマを直視した自問から始めるべきではないか。当該介入には，入口を近づけるものが出口を

162

遠ざけかねないという代償を支払うに足るだけの必要性があるのかと。出口にディレンマがつきまとう以上，入口の段階での慎重な検討がより一層必要となるからである。[11]テロや人道危機が頻発するなか，「必要な介入」を促進し「不要な介入」を抑制するための基準作りは未だに百家争鳴の状態にあるが（Pape［2012］；Ahmed［2013］），本稿の議論からは，「必要」と判断する際の敷居を高くする方向性が示唆される。では，どこまで敷居を高くすればよいのか。この点については，複数の具体的な事例に当てはめてみて，より多くの人々が合意できそうな点を模索するよりほかない。そこが，次の課題となる。

【付記】本稿は2017年度科学研究補助金（若手研究 B）17K13684による研究成果の一部である。

注
1　領域国の受入れ同意・安保理決議による許可・停戦合意の有無は問わないが，平和維持や平和強制に続いて，派兵を伴う紛争後平和構築が行なわれるものに限る。なお，米国のアフガニスタンやイラクでの占領統治を平和活動と呼んでよいのかは多分に論争的であるが，ここでは，あえて含める。大義名分に過ぎないにせよ，被介入国の国内平和を目的として掲げる活動に潜むディレンマに焦点を当てることが重要だと考えるためである。
2　撤退といわれる際には，現状の失敗の拡大を防ぐという消極的な意味で用いられる場合と，新たな局面に引き継ぐという積極的な意味で用いられる場合の双方がある。本稿においては，平和活動の終了に伴う介入国部隊の本国への帰還という現象自体を指すため，双方を含む。後述の出口戦略についても，活動目的を達成した場合と未達成の場合の双方を含む。出口戦略の概念化については，Caplan［2012］p. 113.
3　たとえば，2003年3月のイラク介入直前に行われた世論調査では米国民の59％が賛成し，反対30％の2倍近くの数字を示していたが，介入後は活動継続に賛成する割合が徐々に減少し，3年近くが経過した2005年12月に50％を割った後は，撤退を望む人々の割合を下回るようになった（Pew Research Center for the People & the Press［18March, 2003;

19March, 2008])。より多国間で行われる国連 PKO の場合でも，その過剰展開が国連事務局内外で問題視されている（UN. Doc. A/59/2005［21 Mar, 2005］para111）。

4 たとえば，2003年3月のイラク介入直後の世論調査では，米軍について解放者であると回答したイラク国民は43％であったが，1年後の2004年4月には19％まで減少した一方，占領者であるとする回答は71％にのぼった（CNN/USA Today/Gallup Poll［28 April, 2004]）。

5 現地のオーナーシップの重要性は，近年多くの場で言及されている。たとえば，UN DPKO/DFS［2008］pp. 38-40.

6 Korb；Brennan［2015］pp. 162-164に典型的なように，イスラーム国の勢力拡大とイラクからの米軍撤退の関係，ひいては介入を決めたブッシュ政権や撤退を決めたオバマ政権の責任をめぐって批判合戦が起きている。

7 単極国こそ行動の正当化が必要だと主張するものとして，Finnemore［2009］。米国を例に，弱小国であった際には不要であった介入正当化の論理が，米西戦争あたりから必要になったという指摘として，古矢［2008］173頁。

8 ただし，圧倒的な国際的支持にもかかわらず，合法性にはなお疑問が残るとの指摘が当時からなされていた点（松井［2002］80頁）にも留意する必要がある。

9 なお，2015年10月に完全撤退は無期限延期され，2017年現在も駐留が続いている。

10 対アフガニスタン武力行使への自衛権適用について合法であるとの解釈を打ち出し，「めずらしく緻密さに欠け」た性急な議論である（最上［2002］7-8頁）との批判を受けたトマス・フランク（Thomas Franck）も，イラク戦争に際しては米国が法的正当化の最低限の努力さえ放棄しているとして厳しい批判を加えた（Franck［2003］p. 608）。

11 撤退正当化の段階で困難になることを自覚している合理的な政策決定者にとっても，介入した場合と不介入の場合との比較衡量の結果，介入を選択する可能性は，なお残されている。

参考文献

Ahmed, Dawood［2013］, "Defending Weak States Against the 'Unwilling or Unable' Doctrine of Self-Defense," *Journal of International Law and International Relations* vol.9 pp. 1-37.

Blair, Tony [2010], *A Journey: My Political Life*, Random House.

Bush, George W [2010], *Decision Points*, Random House.

Finnemore, Martha [2009], "Legitimacy, Hypocrisy, and the Social Structure of Unipolarity: Why Being a Unipole isn't all It's Cracked Up to Be," *World Politics* 61-1 pp. 58-85.

Franck, Thomas [2003], "What Happens Now? The United Nations After Iraq," *American Journal of International Law* 97-3 pp. 607-620.

Gates, Robert M [2014], *Duty: Memories of a Secretary at War*, Vintage.

Goldsmith, Jack and Krasner, Stephen D [2003], "The Limits of Idealism," *Daedalus* 132-1, pp. 47-63.

Gottesman, Evan [2002], *Cambodia After the Khmer Rouge: Inside the Politics of Nation Building*, Yale University Press.

Halberstam, David [2001], *War in a Time of Peace: Bush, Clinton, and the Generals*, Scribner.

Korb, Lawrence; Rick Brennan [2015], "Exit Music: Did Obama Bungle the Iraq Withdrawal," *Foreign Affairs* 94-1, pp. 162-164.

Lake, David A [2010], "Building Legitimate States after Civil Wars," Caroline Hartzell and Mathew Hoddie eds. *Strengthening Peace in Post-Civil War States: Transforming Spoilers into Stakeholders*, Chicago University Press.

Pape, Robert [2012], "When Duty Calls: A Pragmatic Standard of Humanitarian Intervention," *International Security* 37-1, pp. 41-80.

Paris, Roland [2004], *At War's End: Building Peace after Civil Conflict*, Cambridge University Press.

Paris, Roland and Timothy D. Sisk [2009], "Conclusion: Confronting the Contradictions," Roland Paris and Timothy D. Sisk eds., *The Dilemmas of Statebuilding: Confronting the Contradictions of Postwar Peace Operations*, Routledge.

Rose, Gideon [2010], *How Wars End: Why We always Fight the Last Battle*, Simon&Schuster.

UN DPKO/DFS [2008], *United Nations Peacekeeping Operations: Principles and Guidelines*.

US Government [2011], "Remarks by the President and First Lady on the End of the War in Iraq" (December 14).

Walzer, Michael [2004], *Arguing About War*, Yale University Press.

Woodward, Bob［2002］, *Bush at War*, Simon&Schuster.

―――［2010］, *Obama's Wars*, Simon&Schuster.

石田淳［2011］,「弱者の保護と強者の処罰――《保護する責任》と《移行期の正義》が語られる時代」『年報政治学』2011-1, 113-132頁。

大治朋子［2012］,『勝てないアメリカ――『対テロ戦争』の日常』岩波書店。

多谷千香子［2016］,『アフガン・対テロ戦争の研究――タリバンはなぜ復活したのか』岩波書店。

中村長史［2014］,「人道主義のパラドックス――冷戦終結後の人道危機対策再考」『平和研究』43号, 109-125頁。

藤原帰一［1998］,「冷戦の終わりかた――合意による平和から力の平和へ」東京大学社会科学研究所編『20世紀システム6 機能と変容』東京大学出版会。

古矢旬［2008］,「アメリカの対外介入――歴史的概観」黒木英充編『「対テロ戦争」の時代の平和構築――過去からの視点, 未来への展望』東信堂。

松井芳郎［2002］,『テロ, 戦争, 自衛――米国等のアフガニスタン攻撃を考える』東信堂。

最上敏樹［2002］,「正義と人道の法構造――何が法的な正しさを決めるか」『法律時報』74巻6号, 5-10頁。

［東京大学＝国際政治学］

核兵器廃絶国際キャンペーン（ICAN）
ノーベル平和賞受賞記念スピーチ

核兵器禁止条約と市民運動の課題

川　崎　哲[1]

　本日はこのような機会をいただきましたことについて，君島東彦会長，
石井一也理事ほか皆様方に御礼申し上げます。

　核兵器廃絶国際キャンペーン（ICAN）が今年（2017年）のノーベル平和
賞を受賞するということは大変な光栄です。これは，核兵器の禁止と廃絶
に向けて尽力してきたすべての人たちに向けられた賞であります。とりわ
け，自らの苦しい体験を勇気をもって語り，この運動を切り開いてこられ
た広島・長崎の被爆者の皆さんにこそ向けられた賞でもあると思います。
また，世界中の核実験の被害者や，その他核兵器に関わるあらゆる活動で
生み出されてきた核の被害者の方々にも，この賞は向けられています。

　ICAN が今回受賞した直接の理由は，今年7月の国連での核兵器禁止条
約成立に貢献したことです。核兵器禁止条約は，被爆者や核実験被害者ら
が受けてきた耐え難い苦痛に言及し，また，先住民族や女性たちがことさ
らに核の被害を受けてきたとの認識の上に，いかなる核兵器の使用も国際
人道法違反であるとしています。これら被害者の体験とその声を踏まえて，
核兵器に関わるあらゆる活動を例外なく禁止したのが，この条約です。そ
れゆえ，核兵器禁止条約は，軍縮条約であると同時に，人権・人道の条約

1　かわさき・あきら。核兵器廃絶国際キャンペーン（ICAN）国際運営委員。ピース
　ボート共同代表。kawasaki@peaceboat.gr.jp。これは発言の予定原稿であり，実際に
　は，語調を変えたり，短縮するなどした。内容は大筋において変わらない。

でもあります。

　軍縮の議論だけであれば，国家の政府や軍が，議論を牛耳ることができ，彼らが最終的な決定権を持ちます。しかし，これは人権・人道の議論であるからこそ，市民が発言権を持ち，被害者が中心的な役割を果たし，市民運動が大きな影響力を行使できるのです。

　ICAN は，2007年に核戦争防止国際医師会議（IPPNW）に集うオーストラリアの医師たちが立ち上げたキャンペーンです。2011年には国際事務所をスイス・ジュネーブに置き，以来，核兵器の非人道性を訴えるノルウェー，メキシコ，オーストリアといった国々の政府また赤十字と協力しながら活動を展開してきました。今日，101ヵ国から468団体が参加しています。

　ICAN の執行部は，10団体からなる国際運営グループです。日本のピースボートは，このうちの一つの国際運営団体です。

　ピースボートと ICAN の関わりについて少しご説明します。ピースボートは，創立25周年にあたる2008年，広島・長崎のメッセージを世界に伝えることが日本に本拠を持つ国際平和団体としての使命だと考え，「ヒバクシャ地球一周　証言の航海」として被爆者の方々と船で世界を回り被爆証言をする活動を開始しました。これまで計170名以上の被爆者がこのプロジェクトに参加しました。広島の被爆者でカナダ在住のサーロー節子さんは，その第１回に参加されたお一人です。節子さんは，来月10日（2017年12月10日）にオスロで行われる平和賞の授賞式で，ベアトリス・フィン ICAN 事務局長と共に，ICAN を代表し受賞スピーチをなさいます。

　被爆者と共に核兵器の非人道性を伝える活動が評価され，2010年，ピースボートは ICAN の設立当時の代表者ティルマン・ラフ氏に招待され，ICAN に参加すると共に，私は ICAN の副代表に就任いたしました。以来ピースボートは，ICAN の中心的な団体の一つとして活動を続けています。

　被爆者と共に核兵器の非人道性を訴えるピースボートや，他の多くの日本の市民活動は，世界的な ICAN 運動のいわば土台の部分です。私には

一人ひとりのお顔が浮かびますが，本当に皆で力を合わせて苦労しながら，世界各地で語り続けてきました。行く先々で被爆者たちを受け入れ証言会を準備してくださったのは，世界各地の ICAN の参加団体の皆さんであり，また，平和首長会議に集う都市の市長さんたちです。被爆者の言葉はこうして木霊していきました。こうした過程を知る者としては，核兵器禁止条約の前文に「ヒバクシャ」という言葉が盛り込まれたことは，驚きではなく，いわば当然の帰結だったと思います。

　核兵器禁止条約はその第一条で，いかなる場合にも，核兵器の開発，保有，使用および使用の威嚇，他国の核兵器の自国内への配備，そしてこれらの行為をいかなる形でも援助，奨励，勧誘することを禁止しています。「いかなる形でも援助，奨励，勧誘を禁止する」としていることは重要です。なぜなら，日本や NATO（北大西洋条約機構）諸国などは，自らは核兵器を保有しないが，米国が核兵器を自らに代わって使用してくれることを求める政策をとっているからです。「核の傘」というのは，曖昧な，物事の本質をぼかした表現です。「核の傘」に頼るということは，直接的に言えば，核兵器使用の援助，奨励，勧誘をするということに他なりません。

　これまで核保有国対非核保有国，あるいは，核兵器国対非核兵器国といった言い方が一般的にはされてきました。しかし，核を保有する国は，単に保有のために保有しているのではなく，実際に使うことを前提に保有しています。だから，核武装国と呼んだほうが正確です。そして日本や NATO などの国々は，核武装協力国です。

　重要なことは，国際社会において，核武装国や核武装協力国は，圧倒的な少数派であるということです。核兵器禁止条約は，国連加盟国の３分の２近くにあたる122ヵ国の賛成票を得て成立しました。これに対して，世界に核武装国は９ヵ国，協力国は30ヵ国程度です。

　国際法によって核兵器がいかなる場合においても許されない兵器であるということが明確化された今，いまだに核兵器が必要だといっている一握りの国々の側にこそ，説明し行動する責任があります。

核兵器禁止条約と市民運動の課題　　169

これら一握りの国々の政府は，核兵器禁止条約に対するネガティブ・キャンペーンを展開しています。核保有国と非核保有国の溝を深めるとか，核保有国が参加しない条約には実効性がないとか，NPT（核不拡散条約）に悪影響があるとか，安全保障の現実を無視しているとかいって，核兵器禁止条約を批判しています。

　しかし，核兵器禁止条約が国際社会を分断したかのような物言いは，まったくの筋違いです。約50年前にNPTで核軍縮の明確な義務を課されたのにもかかわらず，それを誠実に実行してこなかった核武装国の側にこそ問題があります。核兵器が国際社会を分断しているのです。

　核武装国が当面この条約に参加しないというのは，そのとおりです。それでも，これまで対人地雷やクラスター爆弾の例もそうであったように，核兵器を完全に違法化する条約ができたことによって，政治的・経済的・社会的圧力が，核武装国に対する圧倒的な包囲網となって，核軍縮を加速させます。核兵器の製造に融資することは，条約が禁止する「援助」行為とみなされますから，核武装国は，核兵器を維持しようにもお金を調達することが困難になってくるのです。

　核武装国が慌て，苛立ちながら，この条約の悪口を声高に言っていることこそが，この条約が効力を持っていることの何よりの証です。本当に実効性がないのだったら，彼らは黙って無視していればいいわけですから。

　核兵器禁止条約は安全保障の現実を無視していると言いますが，まったく反対です。核兵器が保持されているかぎり核兵器が使われる現実の可能性があり，核兵器は，ひとたび使われたならば，それがどの国の誰による使用であれ，全世界規模で，取り返しのつかない結末をもたらします。安全保障の現実を無視しているのは，核武装国の方です。核武装国が自己の正当化を続ければ続けるほど，伝染病のように，核兵器は広がり，世界中に核兵器が乱立することになります。それが人間の生存と安全にとって根源的な脅威であることは，論を待ちません。

　核抑止論が誤りであることを論証することは，さして困難なことではあ

りません。問題は，核兵器にまみれた現状が仕方のないものである，変えられないものであるという人々の認識です。この認識を変えることが，本当の課題です。

さて，ICANという国際的なNGOの連合体で活動しながら，これからの日本の市民運動また平和運動の課題として考えてきたことをお話ししたいと思います。

このたびのノーベル平和賞は，ICANに贈られました。冒頭で核兵器廃絶に尽力してきた人すべてに向けられた賞であるという意義を申しましたが，同時に，他でもないICANが受賞したのだということもまた事実です。それでは，ICANの活動の特徴や意義とは何でしょうか。

私が中高生だった1980年代と違い，今日，広範な反核運動が存在する時代とはとても言えません。実際，ICANの活動は，ヨーロッパを中心にしつつも世界各地に点在する，少数ではあるがきわめて優秀なキャンペーナーたちによって支えられ進められています。その意味で，数よりは質であります。少数でも，効果的に活動し，政府や政策立案者らと関わり，マスコミに働きかけ，ソーシャルメディアを駆使することによって，圧倒的な影響力を行使することができます。その多くが，20代や30代の若いキャンペーナーたちです。長い世界の反核運動の歴史と蓄積を引き継ぎつつ，そのような力を持った若い運動家たちが育ち活動しています。

そのすべての側面において，日本社会は後れをとっているといわざるを得ません。

私は核兵器廃絶に関わるNGO活動を約20年間携わってきました。今回の平和賞受賞という栄誉を得て，次に何がもっとも必要かと問われれば，日本において，非政府の分野で核兵器廃絶や平和に関わる活動を進める次世代を作り出すことだと答えます。

受賞後，多くのメディアから，私はなぜこの活動をやり，また持続することができたのかと問われてきました。なぜだろうと自分で考えるうちに，三つのことが浮かびました。一つめは，私が活動をすることを支えるコミ

核兵器禁止条約と市民運動の課題　171

ュニティのサポートがあったこと。二つめは，世界的な NGO の仲間との交流の中でたえず刺激を受けてきたこと。そして三つめは，現状維持しかめざさない停滞した日本社会のあり方に対する強い反発心があったことだと思います。

第一のコミュニティのサポートというのは，私の場合，最初にこの活動を学んだ NPO 法人ピースデポにいたとき，NPT 会議など国際会議への派遣カンパを多くの方々がくださいました。年に30万円から50万円かかる旅費を，皆さんが5,000円ずつ，あるいは 1 万円ずつ出してくださり，繰り返しサポートしてくださいました。そのような集団すなわちコミュニティに支えられて，私は多くのことを学び活動することができました。

今日，私はピースボートで活動していて，この巨大事業を支える仲間たちがピースボート組織の内外にたくさんいます。活動を持続的に支えるコミュニティをしっかりと維持し拡大していく。これが第一の課題です。これは大学や学者・研究者の世界にも共通する課題だと思います。

第二に，国境を越えていろいろな国々に，とても情熱的で，優秀で，ユーモアあふれる仲間たちと出会えてきたことは大変に大きなことでした。彼らと日常的に接することで，自分の活動が前に進んでいることを絶えず確認することができました。

日本国内では，なかなかそういう実感はもてません。日本では，いまだに平和活動や，NGO 活動全般への社会的評価が低いです。他の多くの国々では，NGO の仲間がまた政府や国際機関，大学やジャーナリズムなど，さまざまな場に転身することが当たり前に行われており，その逆の転身もあります。NGO は，彼らと対等な存在として認知されています。

ICAN の活動をしながら私は国際的に様々な発言の機会を得てきました。しかし，日本国内では，そのような機会は限定的でした。別に賞がほしいというわけではありませんが，私は今回のノーベル平和賞の前に賞というものをいただいたのは，11年前に日本平和学会の第 1 回平和研究奨励賞が唯一です。

第三に，ひたすらに現状維持しか求めない日本社会の空気に対する苛立ち。これは，私が運動に関わるうえで実は非常に大きな要素です。大学生のとき，1991年の湾岸戦争に対して反対運動を起こしたことが，私にとっては初めての平和運動への関わりでした。そのときの原動力は，戦争が起きようとしているのに何ら行動を起こそうとしない，あるいは議論すらしようとしない当時の学友たちに対する苛立ちでした。

　日本では，現状は現状のとおり仕方のないものであるということを説明することが学問であるとみなされ，それを解説することが識者やコメンテーターの主要な仕事になっています。しかし，何かが間違っているとき，これは間違っていると声を上げ，間違いを正すための道筋を示すことこそが，本来の知識人の役割ではないでしょうか。

　昨年から今年にかけて，核兵器禁止条約の交渉が思いのほか早く進んでいたときに，私は日本のある先生にお話しして，来るべき核兵器禁止条約の内容について論点や選択肢を，学術ペーパーとして出せませんかと相談したことがあります。そのときにその先生から，学者が研究を行う際には，研究プロジェクトを立ち上げて研究費を申請してから研究をするので，成果を出すまでに最低1～2年はかかる，半年先の状況に提案を出すことはなかなか難しいと言われました。このことは，忘れられません。そこで言われることはよくわかります。でも，何かが間違っていると思います。

　核兵器廃絶（abolition）は，よく，奴隷制廃止になぞらえられます。私はまた，核兵器禁止条約は，規範を形成し，規範によって悪を正しなくしていくことをめざすという意味において，子どもの権利条約にも似ていると思います。また，近年の日本社会の状況を考えるときに，派遣村に代表される反貧困の運動や，保育の惨状を訴えた「日本死ね！」の投稿，あるいは過労死，LGBT，最近では職場におけるセクハラを告発する運動が脚光を浴びています。

　これらすべてに共通するのは，社会に当たり前のこととして存在する問題や矛盾について，これはおかしい，これは問題であって許されないもの

であるということを誰かが言葉にして発し，その言葉が木霊して，社会を変えてきたということです。それは，人間の権利を基本においたすべての社会運動に共通するものです。

　人類を皆殺しにすることが明らかな兵器を，やれ国家安全保障のためだといった詭弁を弄して，単に現状維持のためだけに維持し再生産し続ける。そのようなことに対して，それは異常であり，間違っていると誰かが声を上げなければいけません。

　日本で平和学，平和研究，そして平和活動に携わるすべての人々は，そのような声を上げる勇気と，そのような声を広げるための工夫と，変革のための道筋を示す知恵を持たなければなりません。そして，それらをさらに若い世代に伝える責任を負わなければなりません。

　ご静聴ありがとうございました。

[2017年度秋季研究集会（11月26日）＝香川大学]

日本平和学会の研究会活動

日本平和学会事務局

【日本平和学会2016年度秋季研究集会】

大会テーマ：軋む平和を立て直す—グローバル / ローカルな知と実践に学ぶ

開催日：2016年10月22日（土）・23日（日）

会場：明星大学

第 1 日：10月22日（土）

● 9：10〜11：30

自由論題部会 1　（単独報告）

報告：柏崎正憲（東京外国語大学）「入国管理のセキュリティ化の日本的特徴」

討論：前田幸男（創価大学）

報告：小阪真也（立命館大学）「移行期の正義の継承——国際刑事法廷の現代的位相と残存（residual）メカニズムへの要請」

討論：二村まどか（法政大学）

報告：藤井広重（東京大学大学院総合文化研究科）「国連 PKO 文民の保護マンデートにおける文民要員の重要性——国連南スーダン共和国ミッションの教訓からの考察」

討論：井上実佳（広島修道大学）

司会：二村まどか（法政大学）

部会 1 「ポスト・オバマ時代の日米安保体制と東アジア——対米従属相対化の可能性」

報告：永山茂樹（東海大学）「安保法制と日米同盟の行方——東アジアの現状を踏まえて」

報告：白井聡（京都精華大学）「永続敗戦レジームにおける日米安保体制」

報告：猿田佐世（新外交イニシアティブ〔ND〕事務局長／弁護士）「新しい日米関係構築にむけた方法論——『新外交イニシアティブ』の意義」

討論：李鍾元（早稲田大学）

司会：麻生多聞（鳴門教育大学）

●12：20〜14：20
分科会

① 「軍縮・安全保障」分科会

トークセッション：「核なき世界」実現の今日的課題とは

『なぜ核はなくならないのかⅡ』（法律文化社，2016年）の共著者によるトークセッション

発話者：水本和実（広島市立大学），茅原郁生（拓殖大学名誉教授），広瀬訓（長崎大学）

司会：佐渡紀子（広島修道大学）

② 「アフリカ」分科会

報告：新沼剛（日本赤十字秋田看護大学）「人道アクセスの確保に向けた人道支援機関の諸政策——ソマリアを事例に」

討論：山根達郎（広島大学）

司会：藤本義彦（呉高専）

③ 「難民・強制移動民研究」分科会

報告：佐竹眞明（名古屋学院大学）「多文化家族への支援に向けて——フィリピン日本人結婚夫婦を中心に」

討論：小川玲子（九州大学）

司会：小泉康一（大東文化大学）

④ 「公共性と平和」分科会

テーマ：「公共性と平和」の方途

報告1：中川洋一（立命館大学）「脱原発後のドイツのエネルギー転換と公共性」

討論：細井優子（埼玉大学）

報告2：草野大希（埼玉大学）「オバマ政権の介入政策における『例外主義』
　　　　――リベラル介入主義の可能性と限界」

討論：清水奈名子（宇都宮大学）

司会：横田匡紀（東京理科大学）

⑤「戦争と空爆問題」分科会

テーマ：「重慶大爆撃訴訟控訴審における事実認定と責任論をめぐって」

報告1：吉田哲也（弁護士）「重慶大爆撃訴訟控訴審における事実認定と責任
　　　　論をめぐって」

報告2：大崎敦司（平和研究者：紛争研究／和解学／戦争史）「南京・重慶爆
　　　　撃の現代性――航空技術の急革新と「空の戦争の国民化」／ロンドン
　　　　からラッカまで首都"威嚇破壊"の百年史の中で」

司会：伊香俊哉（都留文科大学）

●14：30～15：20
総　会

●15：30～18：00

部会2　ラウンドテーブル「多摩地域発　平和な社会づくりにむけた挑戦」（開
催校企画）

パネリスト：

〈多摩市発〉　山川勇一郎（たまエンパワー株式会社）「都市部における市民発
　　　　電事業モデルをつくる」

〈川崎市発〉　渡辺賢二（明治大学平和教育登戸研究所資料館）「戦後70年過ぎ
　　　　て甦る登戸研究所――戦争遺跡を保存・活用し平和教育の拠点へ」

〈日野市発〉　伊藤勲（認定NPO法人「やまぼうし」）「やまぼうし『共に生
　　　　き・働く場づくり』のアプローチ――満蒙開拓団拓務訓練所から障害
　　　　児者施設七生福祉園への歴史を踏まえて」

〈立川市発〉　江頭晃子（市民アーカイブ多摩）「市民活動の足跡を未来につな
　　　　ぐ――市民活動資料センターの誕生」

司会・進行：熊本博之（明星大学）・竹峰誠一郎（明星大学）

第2日：10月23日（日）

● 9：10～11：30

自由論題部会2（パッケージ企画）「国家，（無）国籍，そして人間」

　報告：陳天璽（早稲田大学）「国籍，パスポートと人間」

　報告：秋山肇（日本学術振興会特別研究員・国際基督教大学大学院）「国際法
　　　　における無国籍の予防と日本の国籍法」

　報告：新垣修（国際基督教大学）「国籍の剥奪と安全保障化」

　討論：佐藤安信（東京大学）

　司会：阿部浩己（神奈川大学）

自由論題部会3（単独報告）

　報告：名嘉憲夫（東洋英和女学院大学）「政治学的観点から考える安倍政権に
　　　　よる『9・17安保法制強行採決』の性格――"リーガル・クーデター"
　　　　概念の提案」

　討論：小林誠（お茶の水女子大学）

　報告：岡野内正（法政大学）「人類遺産相続基金共同体と歴史的正義回復審判
　　　　所の設置を実現するために」

　討論：佐伯奈津子（名古屋学院大学）

　報告：平林今日子（京都大学大学院医学研究科）「セミパラチンスク地区住民
　　　　の核実験に対する認識について――疾患・障がいを持つ子どもとその
　　　　保護者に対するインタビューより」

　討論：藍原寛子（ジャーナリスト〔Japan Perspective News 株式会社〕）

　司会：小林誠（お茶の水女子大学）

部会3　「芸術文化と平和――クンストとしての音楽の可能性」

　報告：横山純（フォトグラファー）「Grime と "Consciousness" の再興――10
　　　　代のグライムアーティストとの対話から」

　報告：田中公一朗（音楽評論／上智大学）「EDM とコスモポリタニズム
　　　　PLUR と音楽の暴力性」

報告：半澤朝彦（明治学院大学）「西洋音楽による平和活動の功罪——エル・
　　　システマ，サイード＝バレンボイム・プロジェクトなど」
討論：水越真紀（ライター）
司会：芝崎厚士（駒澤大学）

●12：00〜14：00
分科会
⑥「憲法と平和」分科会
　報告：小松寛（早稲田大学）「沖縄にとって日本国憲法とは何か——琉球共和
　　　社会憲法案という応答にも触れて」
　討論：麻生多聞（鳴門教育大学），マニュエル・ヤン（早稲田大学）
　司会：君島東彦（立命館大学）

⑦「植民地主義と平和」分科会
　ラウンドテーブルディスカッション：「平和学の脱植民地化に向けて」

⑧合同開催「環境・平和」分科会，「発展と平和」分科会
　報告：山川俊和（下関市立大学）「世界経済の自然環境的基盤をどうとらえる
　　　か——グローバル化と「自然資本」をめぐる論点を中心に」
　討論：和田喜彦（同志社大学）
　司会：原田太津男（龍谷大学）

⑨「グローバルヒバクシャ」分科会
　報告とワークショップ：「ポーポキと一緒に考える太平洋島嶼国の『安全』・
　『安心』」
　報告＆ファシリテーター：ロニー・アレキサンダー（神戸大学）

⑩「平和と芸術」分科会
　報告：湯浅正恵（広島市立大学），笠井綾（宮崎国際大学）「平和実践として
　　　のソーシャリー・エンゲイジド・アート——日本平和学会2015春季大
　　　会アートパフォーマンス『黒い雨』を振り返って」

討論：柳澤田実（関西学院大学），佐藤壮広（明治大学）

司会：田中勝（京都造形芸術大学・文明哲学研究所）

⑪合同開催「平和運動」分科会，「琉球・沖縄・島嶼国及び地域の平和」分科会

　　テーマ：「東アジア共同体と沖縄の未来」

　　報告1：松島泰勝（龍谷大学）「琉球独立論と中国・台湾」

　　報告2：高野孟（東アジア共同体研究所理事）「『中国脅威論』の虚と実——南シナ海情勢を中心として」

　　討論：金平茂紀（TBS記者）

　　司会：木村朗（鹿児島大学）

● 14：10～16：40

部会4　「税と平和——『パナマ文書』の闇に光を照射する」

　　報告：三木義一（青山学院大学）「パナマ文書から見えるタックス・ヘイブン」

　　報告：津田久美子（北海道大学大学院）「タックス・ヘイブン問題の解決に向けて——構造的要因と対抗策の検討」

　　報告：奥山俊宏（朝日新聞編集委員）「パナマ文書と調査報道ジャーナリスト連合——内部告発，調査報道，社会の反応，それらの連鎖」

　　司会・討論：上村雄彦（横浜市立大学）

部会5　「東電原発事故　問われぬ加害責任——水俣の「教訓」も踏まえて」

　　（3.11プロジェクト委員会企画）

　　報告：武藤類子（福島原発告訴団団長）「原発事故は終わらない」

　　報告：海渡雄一（福島原発告訴団弁護団）「福島原発事故の刑事・民事責任を問う裁判の現状と課題」

　　討論：清水奈名子（宇都宮大学）

　　　　　横山正樹（フェリス女学院大学）

　　司会：平井朗（立教大学）

ワークショップ：「レイシズムにさよならする方法：防止マニュアル作りを通じてレイシズムを考える」（平和教育プロジェクト委員会企画）

ファシリテーター：ロニー・アレキサンダー（神戸大学），杉田明宏（大東文化大学），鈴木晶（横浜サイエンスフロンティア高校），高部優子（Be-Production），暉峻僚三（川崎市平和館），堀芳枝（恵泉女学園大学）

【日本平和学会2017年度春季研究大会】

集会テーマ：「植民地主義と憲法を北海道／アイヌモシリで問い直す」

開催日：2017年7月1日（土）・2日（日）

会場：北海道大学

第1日：7月1日（土）

●9：10〜11：30

自由論題部会1（単独報告1）

　報告1：奥田孝晴（文教大学）

　　　　「『コメ』と『核』と『トウホク』と──『周辺部イデオローグ』たち

　　　　から見る中枢-周辺構造研究アプローチ」

　討論：佐々木寛（新潟国際情報大学）

　報告2：森山拓也（同志社大学）「トルコ反原発運動の特徴と位置付け」

　討論：毛利聡子（明星大学）

　報告3：安積遊歩（ピアカウンセラー）「福祉は平和の具体化──優生思想を

　　　　超えて，いのちの平和論へ」

　討論：伊藤勲（NPO法人やまぼうし／法政大学大学院）

　司会：毛利聡子（明星大学）

自由論題部会2（単独報告2）

　報告1：柳原伸洋（東京女子大学）「両大戦間期ドイツの民間防空における

　　　　『平和』の敗北──『守り』のイデオロギーとの相克」

　討論：木戸衛一（大阪大学）

　報告2：ジャヤセーナパスマシリ（福岡女子大学）「スリランカの紛争及び紛

　　　　争後復興をめぐる中印の外交戦略──地政学のリアリティ」

　討論：松田哲（京都女子大学）

　報告3：申鉉昕（立命館大学）「韓国憲法における平和条項の制定過程と特徴」

　討論：稲正樹（元国際基督教大学）

　司会：杉木明子（神戸学院大学）

自由論題部会3（パッケージ報告1）

「平和への権利国連宣言を活用するために」

報告1：飯島滋明（名古屋学院大学）「平和への権利宣言は平和概念（平和の定義）にどのような意味を持つか」

報告2：阿知良洋平（室蘭工業大学）「足元の生活から考える平和の文化の学習」

報告3：前田朗（東京造形大学）「脱植民地主義と平和への権利宣言の接合——レイシズム，ヘイト・スピーチも含めて」

司会：笹本潤（弁護士）

部会1　「東アジアの国際移動，ジェンダー，市民社会」（英語部会）

International Migration, Gender and Civil Society in East Asia

報告1：呉静如（台湾国際労工協会／アジア平和基金招聘ゲスト）：Jing Ru Wu（Taiwan International Workers Association: TIWA）「ケアの正義」"Justice for Caring"

報告2：藤本伸樹（アジア・太平洋人権情報センター／ヒューライツ大阪）：Nobuki Fujimoto（Hurights Osaka）「外国人介護・家事労働者の受け入れを人権の観点から検証する」"Examining the Acceptance of Foreign Care and Domestic Workers from the Human Rights Perspectives"

報告3：金敬黙（早稲田大学）：Kim Kyungmook（Waseda University）「北でもなく南でもなく——脱北者は故郷を離れてどのように生きのびるのか？」"Neither the North, Nor the South-How the North Korean exiles survive after leaving their home(s)?"

討論：池炫周直美（北海道大学）：Chi Hyunjoo Naomi（Hokkaido University）

司会：小川玲子（千葉大学）：Reiko Ogawa（Chiba University）

●12：00〜14：00

分科会

①「軍縮・安全保障」分科会

　テーマ：自衛隊——国際協力と災害派遣をめぐる論争と新たな展開

報告1：中村長史（東京大学）「自衛隊と集団安全保障をめぐる『政策効果論なき政策論争』」

報告2：上野友也（岐阜大学）「大規模災害における自衛隊の役割——調整と協働のあり方」

討論：遠藤誠治（成蹊大学）

司会：佐藤史郎（大阪国際大学）

②「環境・平和」分科会

報告：横山正樹（フェリス女学院大学）「問題現場に行けば"リアル"がわかる？　そこから何が変わるのか?!——平和学エクスポージャー（PSEP）ネットワークへの誘い」

討論：佐伯奈津子（名古屋学院大学）

司会：鴫原敦子（仙台高専）

【7月2日〜3日】エクスポージャー「ダム開発に立ち向かうアイヌ民族とその文化」

　　後援：北海道地区研究会　平取町二風谷で実施。

③「平和教育」分科会

テーマ：憲法教育における平和の視点

報告：前田輪音（北海道教育大学）「憲法教育と平和教育——恵庭事件を例に」

討論：杉田明宏（大東文化大学）

司会：いとうたけひこ（和光大学）

④「難民・強制移動民研究」分科会

報告：宮塚寿美子（國學院大學栃木短期大学）「北朝鮮難民（脱北者）の日本生活定着過程における政治的・社会的要因」

討論：池田丈佑（富山大学）

司会：小泉康一（大東文化大学）

⑤合同開催「平和運動」分科会，「琉球・沖縄・島嶼国及び地域の平和」分科会

テーマ：「琉球（沖縄）とアイヌに対する差別の現状と課題」

報告1：宮城隆尋（琉球新報記者）「琉球人に対する差別——アイヌ民族との連帯の可能性」
報告2：清水裕二（コタンの会代表）「尊厳あるアイヌ人の人骨返還のために——ご遺骨の帰還を迎えて，『コタンの会』としては」
討論：安田浩一（ジャーナリスト）
司会：清水竹人（桜美林大学）

第2回日中平和学対話 in 南京の報告会（国際交流委員会・参加者一同主催）
報告者：加治宏基（愛知大学）「日中平和学対話の成果，これからの課題」
司会：佐々木寛（新潟国際情報大学）

●14：10〜15：00
総　会

●15：10〜18：10
部会2（開催地区研究会企画）
「アイヌ・ネノ・アン・アイヌ——アイヌ民族の声を聴き，対話の場をひらく」
報告1：差間正樹（浦幌アイヌ協会）「地域から進める先住権の回復」
報告2：原田公久枝（フンペシスターズ）「何故アイヌばかりが考え，答えを出さなければならないのか」
報告3：鵜澤加那子（ノルウェー北極大学）「現代を生きるアイヌ民族として」
報告4：井上勝生（北海道大学）「アイヌ民族史の史実を探求して——十勝・石狩・千歳」
討論1：石原真衣（北海道大学）
討論2：清末愛砂（室蘭工業大学）
司会：小田博志（北海道大学）

部会3　ワークショップ（平和教育プロジェクト委員会企画）「ロールプレイを通じて考える，植民地・先住民・同化，そして平和への権利」
ファシリテーター：ロニー・アレキサンダー（神戸大学），奥本京子（大阪女学院大学），杉田明宏（大東文化大学），鈴木晶（横浜サイエンスフロ

日本平和学会の研究会活動　　185

ンティア高校），高部優子（Be-Production），暉峻僚三（川崎市平和館），松井ケティ（清泉女子大学），山根和代（平和のための博物館国際ネットワーク）

部会4 （本企画はキャンセル）

●18：30〜21：30
懇親会「イペミンタラ・食べる広場——食べることは平和すること」

第2日：7月2日（日）
●9：10〜11：30
自由論題部会4 （単独報告3）
  報告1：Paul Duffill（Toyo University）"Civil Society Engagement in Peace-building and Human Rights: The LISACT E Model for Conceptualising Planning, Theories of Change, and Evaluation, with the Case Study of Israel-Palestine."（英語部会）
  討論：松野明久 "Akihisa Matsuno"（大阪大学 "Osaka University"）
  報告2： Joshua Michael Campbell（International Christian University）"Volunteering for Peace: Interstate Peacebuilding through International Volunteering."（英語部会）
  討論：松井ケティ "Kathy Matsui"（清泉女子大学 "Seisen University"）
  報告3：新津厚子（東京大学大学院）「分断を接合する技術——チカーナ／チカーノの諸表現における二重性・混沌性・緩慢性の考察」
  討論：内田みどり（和歌山大学）
  司会：松野明久（大阪大学）

自由論題部会5 （パッケージ報告2）
「アイヌと琉球民族にとっての植民地主義と憲法——脱植民地化のための平和学／平和学の脱植民地化に向けて」
  報告1：高良沙哉（沖縄大学）「憲法を求め続ける琉球——沖縄と植民地主義」
  報告2：上村英明（恵泉女学園大学）「先住民族：脱植民地化の平和学と憲法

　　　　──「近代国民国家」の再検証と平和学」
　討論1：前田朗（東京造形大学）
　討論2：清末愛砂（室蘭工業大学）
　司会：藤岡美恵子（法政大学）

部会5「平和研究としてのグローバル正義論」
　報告1：山田祥子（名古屋大学大学院）「平和研究とグローバル正義論の交錯
　　　　点──構造的暴力と主体をめぐる問題を中心に」
　報告2：上原賢司（横浜国立大学）「植民地主義はどのような意味で不正義な
　　　　のか？──植民地主義とグローバルな不正義」
　討論1：押村高（青山学院大学）
　討論2：伊藤恭彦（名古屋市立大学）
　司会：松元雅和（関西大学）

●12：00～14：00
分科会
⑥**「アフリカ」分科会**
　テーマ：地方政府発の平和創造
　報告1：木原滋哉（呉高専）「都市の非軍事化と平和行政」
　報告2：藤本義彦（呉高専）「南アフリカ・ハウテン州の地方政府の平和政策
　　　　──ジョハネスバーグ市とセディベング郡自治体の事例から」
　討論：池尾靖志（立命館大学）
　司会：藤本義彦（呉高専）

⑦**「グローバルヒバクシャ」分科会**
　テーマ：「北海道の被爆者運動に学ぶ──「ノーモア・ヒバクシャ会館」（札
　　　　幌市）にふれて」
　報告：北明邦雄（北海道被爆者協会事務局次長）「北海道の被爆者」
　証言：松本郁子（北海道被爆者協会副会長），宮本須美子（北海道被爆者協会
　　　　理事）（対話形式で行った）
　コメント：楊小平（広島大学）

日本平和学会の研究会活動　　187

司会・証言の聞き手：竹峰誠一郎（明星大学）

⑧「平和と芸術」分科会
テーマ：漫画が伝えること
報告1：小野塚佳代（京都造形芸術大学・文明哲学研究所）「太平洋戦争下で
　　　諷刺漫画はどのようにヒトを描いたのか——近藤日出造と雑誌『漫画』
　　　より」
報告2：桝本智子（関西大学）「ロスアラモスで原爆はどのように語られてき
　　　たのか——『はだしのゲン』上映と現地調査より」
司会：田中勝（京都造形芸術大学・文明哲学研究所）

⑨「公共性と平和」分科会
テーマ：グローバリズム・リージョナリズム・ナショナリズムと公共性
報告1：中村文子（東北大学）「規範普及の地域政治——東アジアにおける反
　　　人身売買対策を事例として」
報告2：岸野浩一（関西外国語大学）「グローバル政治経済における社会性と
　　　公共性——『国際社会』概念の問い直しへ向けて」
報告3：伊藤健一郎（立命館大学大学院）「戦中派的批判意識と靖国問題——
　　　排外的ナショナリズムによる『追悼』の領有のなかで」
討論者：金敬黙（早稲田大学）
討論者：上原賢司（横浜国立大学）
司会：横田匡紀（東京理科大学）

映画「恵庭事件——50年目の真実（仮）」（稲塚秀孝監督）の上映会

●14：10〜16：40
部会6「ポストコロニアル状況と日本国憲法——未完の脱植民地化」（「憲法と
　平和」分科会・開催校共催企画）
報告1：笹川紀勝（国際基督教大学／明治大学）「植民地主義と憲法——侵略
　　　と国際協調主義」
報告2：稲正樹（元国際基督教大学）「憲法革命の実現——脱植民地化への道

筋」

報告3：宋連玉（青山学院大学）「『国民主権』が隠す植民地主義──在日朝鮮人が見る日本国憲法」

討論1：佐藤幸男（帝京大学）

討論2：君島東彦（立命館大学）

司会：前田輪音（北海道教育大学）

部会7「軍学共同と大学のあり方」（開催校企画）

報告1：山形定（北海道大学）「北海道大学における防衛省研究費受入れから考える」

報告2：松本ますみ（室蘭工業大学）「理系大学における『大学改革』といわゆる『軍事研究』──北海道の地域貢献型大学から考える」

報告3：杉山滋郎（元北海道大学）「日本学術会議の『2017年声明』を考える──歴史的視点から」

討論1：池炫周直美（北海道大学）

討論2：鈴木一人（北海道大学）

司会：荒木肇（北海道大学）

●14：10〜17：00

エクスカージョン「アイヌ民族と歩く北大キャンパスツアー」（共催：日本平和学会北海道地区研究会＋ウエトゥレンテ）

日本平和学会の研究会活動　189

SUMMARY

Illusion and Danger around "Missile Defense": Trial for Emerging
Military - Academic Cooperation under the "Nuclear Space" Age

Atsushi FUJIOKA

Albert Einstein once said, "unleashed power of the atom has changed everything
except our ways of thinking." He further suggested that this gap would generate
new unthinkable wars. His warning is especially pertinent in the arena of current
missile defense. This article argues that despite the assurances of missile defense
(MD) advocates, MD will invite a full space war and a new version of nuclear war,
which would include nuclear blasts into outer space and various military attacks on
nuclear power plants, thus causing nuclear blasts similar to that of the Fukushima
disaster.

A new warfare system that the United States developed in the 21st century has
been called "space-based network-centric" warfare. There are three Achilles' heels
for the emerging semi-space war system: cyberspace, outer space, and nuclear
power plants.

If a hostile group was to explode a nuclear warhead 200 km over Tokyo, the whole
electronic infrastructure would be shut down by the vast electromagnetic puzzle
waves. At the same time, the major satellite constellation system would be broken
down sooner or later. Regarding nuclear sites, currently the most vulnerable is
TEPCO's Fukushima nuclear site #1. Even a suicide car bomb could easily destroy
it.

MD not only fosters military buildup to the heavens but also encourages a missile
target shift from on-ground to outer space and to nuclear sites, thus opening up a
new version of nuclear war. Victims would not die instantly like they did in
Hiroshima and Nagasaki but instead would die over a longer period as in
Chernobyl.

Environmental Impacts, Health Effects, and the Corporate Dominance of Biotechnology

TODA Kiyoshi and AMAGASA Keisuke

This article explores biotechnology and its environmental impacts, health effects, and corporate dominance. Genetically modified (GM) crops, such as soybeans, corn, and rapeseed, are sold worldwide by Monsanto and other large companies. Their main characteristics are herbicide resistance and pest resistance. While weeds are killed, herbicide-resistant GM plants flourish. Thus, even if pesticide use diminishes, the residual volume of herbicide increases. Governments are, therefore, forced to deregulate the residual standards for herbicides when herbicide-resistant GM plants are approved. So-called Roundup Ready GM plants increase consumer intake of glyphosate (the most well-known herbicide), which is carcinogenic as well as has other health effects. In Córdoba, Argentina, where the incidence of cancer has been increasing in GM crop areas, researchers consider glyphosate to be one possible cause.

Monsanto has been making improper use of intellectual property rights; for example, the company pursues compensatory damages when the wind or insects carry GM pollen to nearby locations, often resulting in the bankruptcy of American and Canadian farmers.

The North America Free Trade Agreement (NAFTA) has expanded the export and import of GM plants. Pollen from GM plants is polluting wild and older races of corn in Mexico.

Monsanto's GM cotton is driving the extinction of traditional (non-GM) cotton breeds, causing seed prices to increase. This situation has perhaps contributed to the increasing suicide rate among Indian peasants, as shown in the book and movie by Marie-Monique Robin.

Dominant companies and their agents harass important and independent researchers such as Dr. Ignacio Chapela.

A new generation of biotechnology known as genome editing has come into the spotlight in the fields of medicine and agriculture; however, there are problems such as difficulty finding off-target mutations.

DU Shells as an Inhuman Weapon:
Biopolitics over War and Radiation Exposure

KAZASHI Nobuo

"Biopolitics," according to Foucault, concerns the natural environment and bodies, both of which are "ungovernable." Problems with radiation risk are typically problems of governability; radiation can contaminate the whole environment and eventually damage genes and destroy the reproductive capacity of biological bodies. Because radiation can be neither seen nor sensed, problems relating to the so-called "radiation exposure safety level" become political problems concerning the scientific construction of invisible reality and the definition of its meanings for human health. We shed light on the concrete ways in which biopolitics operates in the nuclear age, running from Hiroshima to Chernobyl to Fukushima, with an eye to justice as security for biological bodies. Emphasis is placed on the controversies over so-called depleted uranium (DU) shells.

DU is a radioactive waste generated from the production of enriched uranium, which is necessary for nuclear weapons and energy. In the 1950s, the United States began research on how to dispose DU and developed antitank rounds with DU in their penetrators. DU's rare hardness and density are considered "ideal" for destroying tanks. Furthermore, because it is nuclear waste, it is available to the munitions industry at virtually no charge. DU weapons are said to be "revolutionary," rendering traditional tanks virtually useless. Troublingly, however, DU starts to burn upon impact, dissolving into minute airborne radioactive particles. Once absorbed into the body, some particles remain and irradiate surrounding cells. In Iraq, the former Yugoslavia, and other areas where DU rounds have been used in combat or exercises, reports cite alarming increases in cancer, leukemia, and congenital defects among the local population and the soldiers stationed in affected areas. Despite international warnings regarding its toxicity, the DU risk has been denied by its users and WHO as well.

"Aiming at the construction of a peaceful world without hunger: Focusing on the issue of structural violence by pesticides"

Koa Tasaka

Starting with the issue of chemical weapons such as sarin and the involvement of scientists in their development, various types of structural violence brought on by pesticides are discussed; in particular, the severe negative influences on the brain development of children caused by a newly introduced pesticide-neonicotinoid-are focused upon.

Finally, examples of overcoming this type of violence through organic farming are introduced, some of which could bring peace without hunger to this troubled world.

The author is a board member of the Asian Rural Institute and a former professor of chemistry at the International Christian University.

Technological Solutions for Ecological Problems?
Theoretical Consideration of Ecological Modernization

ONO Hajime

Is confrontation between the economy and ecology out of date? The school of ecological modernization (EM) supposes that ecotechnology would enable environmental preservation without relinquishing economic growth. Such an idea is the prevailing discourse in the realm of environmental policies in advanced societies today. However, it is important to verify the theoretical availability of EM if we intend to commit ourselves to environmental issues and contribute to the theme of peace and technology. In particular, publication of *The Ecological Modernisation Reader* promotes public discussion on the achievements, prospects, and limits of EM.

The first section of this article describes the development of EM and discusses its theoretical feature. It is probably useful to refer to other critical standpoints such as neo-Marxism and deep ecology to recognize its technocentric approach, which tries to transcend industrial modernity. EM, which promises a moderate solution for ecological crises, is associated with the concept of sustainable development and is therefore acceptable even to business executives. Such a story reinforces my hypothesis: EM is a counter-discourse against the counter-discourse of the 1980s, when capitalism and technology were regarded as the main causes of environmental destruction.

Such an argument suggests further questions. In the second section, we investigate whether EM has absorbed anything from the theory of reflexive modernity. Typology of the weak and strong versions is also meaningful.

Theory should be accompanied by empirical verification. The third section refers to a comparative study that illustrates that Germany is closest to having the ideal type of strong EM. However, I insist that there is neither theoretical nor empirical evidence for the transition from weak EM to strong EM. It is only a typological category of environmental political modes. The program of German red-green federal government was a typical weak EM.

Special Permission for Residence and Japan's Immigration Policy until the 1970s

KASHIWAZAKI Masanori

This paper provides a historical analysis of the Special Permission for Residence (SPR), a discretionary measure of relief for undocumented immigrants in Japan until the 1970s, the period before the Japanese government signed the Refugee Convention. SPR deserves close attention in the sense that it has served as a strategic measure to make Japanese immigration system work for the authority's purposes. According to the Immigration Bureau, decisions to grant permission are made from two apparently incompatible points of view, namely,"humanitarian considerations"and"national interests,"although it seems that the latter has always been given priority over the former in actual cases. It needs to be explained how this relief measure was incorporated and utilized in the postwar Japan's immigration control system.

The historical origin of the SPR in Japan was the relief measure during the Allied Occupation granted to illegalized immigrants, Korean in most cases, based on a petition submitted to the General Headquarters. After the restoration of sovereignty, as the South Korean government refused to accept deportees, the Japanese government reintroduced this relief measure, from an allegedly "humanitarian"standpoint, for those to be deported. Thus, the SPR functioned as a complement to postwar Japan's foreign policy of reincorporating itself into the international community while avoiding postcolonial responsibilities. On the other hand, the SPR was never applied to political refugees in spite of the existence of those seeking asylum in Japan. It was in this situation that three cases in court filed in the 1960s functioned as challenges to Japan's immigration policy. The results of these cases showed that Japan's immigration authority was never tolerant of any substantial restrictions to its large discretionary power over immigrants. Namely, the authority succeeded in reversing the judgement to restrict its discretionary power by a particular international norm, a political offense exception in extradition, whereas it did not strongly resist the judgement to restrict its discretionary power by an universal but abstract humanitarian principle.

Normalizing impunity: Japanese criminal justice response to sexual violence cases by the U.S. military

MOTOYAMA Hisako

In the wake of the gang rape of a teenage girl by U.S. marines in Okinawa in 1995, local feminists led protests against the insecurity experienced by women and girls in the name of national security, defining sexual assaults by U.S. soldiers as "structural violence" caused by the presence of a military that upheld militarism and sexism. It was also during this time that the invisibility and impunity of sexual violence under conflicts was problematized around the world, leading to the strengthening of international institutions to address the issue. However, after 20 years, sexual assaults by U.S. military-related persons (including soldiers, civilian workers, and their families) in Japan continue to occur despite repeated promises of prevention by both governments in the face of the deepening of U.S. Japan military cooperation. How much has the state response to military sexual violence changed in practice?

This paper examines Japanese criminal justice responses to sexual assaults committed by U.S. military-related persons stationed in Japan since 2000, focusing on the criminal justice system as a major institution through which sexual violence by allied forces is normalized despite the strengthened international norms on women's rights in international security. Much literature points to the unequal nature of the Status of Forces Agreement, restricting the sovereign power of Japan as well as subordinating the practices of Japanese authorities, as a major factor leading to the impunity of crimes committed by U.S. military-related persons. Although the unequal relationship with the United States affects the way those crimes are handled, one should not neglect how Japan's discriminative sexual violence laws and institutional practices facilitate Japanese authorities in dropping charges in more than 80% of sexual assault cases.

By examining the data of Japanese criminal justice institutions, this paper confirms that sexual assaults by U.S. military-related persons continue to pose a constant threat to communities that host military bases, and impunity is rampant even after the 1995 gang rape case, although access to the information of the U.S. military is limited. Further, by examining cases in which Japanese prosecutors have failed to indict, the author discusses how discriminative institutional arrangements, inappropriate investigation practices, and social biases play crucial roles in discouraging victims to file complaints and facilitate the dropping of charges by prosecutors. Finally, the author discusses how the Japanese state and the U.S. military jointly construct an image of the U.S. military as a well-disciplined force and thus legitimize the failure of the Japanese state to indict sexual assaults, which further denies justice to the victims.

The Dilemma of Exit Strategy

NAKAMURA Nagafumi

Why do intervening states have difficulty deciding whether to withdraw from armed peace operations? Previously, it has been argued that intervening states lack the will or ability to plan exit strategies, but this paper argues that even with those traits, they struggle with justifying withdrawal.

When intervention begins, intervening states need internal and international support. From the intervening states' perspective, it is necessary to portray the intervention objective as a "just cause" to obtain as much support as possible. Intervention objectives tend to be ambiguous. For example, if an intervening state announces that its objective is to "prevent hotbeds of terrorism," almost all states and people will agree with the objective because they can interpret it to suit their own purposes.

However, ambiguous objectives are accompanied by complex criteria with which to evaluate whether those objectives have been achieved. For example, if the objective is to "prevent hotbeds of terrorism," does this goal require the elimination of all terrorists in the intervened states or does it only mean protecting civilians until the intervened states' security forces are prepared to protect them? Given this ambiguity, termination factions emphasize the least demanding criteria for achievement of the objective, for example, that protecting civilians has been achieved. In contrast, continuation factions emphasize the most demanding criteria, for example, that the elimination of all terrorists has not been achieved. Owing to these different evaluation criteria, the continuation factions fail to persuade the termination factions and vice versa. Thus, both factions end up talking past each other.

In summary, ambiguous objectives may justify intervention, but the very same objectives may not necessarily justify withdrawal. Every advantage has its disadvantage. Intervening states face a dilemma that I will refer to as the dilemma of exit strategy.

編 集 後 記

　家のコタツでお茶を飲む。私たちの日常のこんなありふれた行為も，科学の知と技術によって構成されている。家の屋根が落ちてくるとか，水道水や茶葉が毒で汚染されているとか，急にポットやコタツが火を噴くなどと常に心配している人は普通いない。けれどもその安心感は，私たちが建築工学や水の供給システム，茶葉の栽培方法やポットやコタツの製造過程を熟知しているからでも，その原理を理解しているからでもない。私たちの日常は，科学技術とその専門知識に徹底的に依存すると同時に，私たちが科学技術とその専門知識を信頼し「白紙委任」することにより成り立っている（Giddens［1993］）。

　啓蒙思想家が科学による人類の絶え間ない進歩を夢見てから，フランス革命後の一時的な混乱はあったものの，科学は新たな秩序の源泉として西欧近代の特権的な知となり，科学による社会改造プロジェクトは植民地主義とともに世界に広まった（Smith［1998］）。私たちの好みや意見とは関係なく，私たちの社会は科学に基づき設計され，運営され，些細な行為から人間関係まで，その制度の中で調整され，国境を越えて秩序づけられている。社会進化論や近代化論はいささか時代遅れになったものの「科学立国論」は健在で（日本は1995年から「科学技術創造立国」を目指しているらしい），莫大な国家予算と市場競争が日々絶え間なく技術革新を要求する。

　本特集は科学技術の暴力性について考えた。科学が社会をどれほど進歩させたかは定かではないが，特集論文は今日までに到達した科学の驚くべき潜在／顕在暴力を示している。宇宙で一つの核爆弾を炸裂させれば，電磁波パルスが送電システムを破壊し，電気に依存する人々を怪我ひとつさせることなく大量に殺害することができるらしい。また遺伝子組み換え技術で加工され「安全」な農薬でこれまで以上に汚染された食品は，多国籍企業の戦略と国家の寛大な「安全」基準により農民の命を奪い，世界の食卓に広まっている。核のゴミは安価で強力な武器となり戦地のみならず世界各地の演習場周辺，製造工場周辺でがんや先天性異常を増加させている。

　私たちは既にかなり以前から「白紙委任」のおぞましい帰結に気づいている。ある人は将来の技術革新によって，または国家がいつかなんとか問題を解決すると信じているかもしれない。また別の人は諦めながらも，少なくとも自分が生きている間は，もしくは自分だけには問題は起こらないだろう高をくくっているかもしれない。どちらにしても，多くの人は自分には手に負えない問題とし，考えることすら放棄しているのではないだろうか。確かに科学者や政策決定者，企業家に憤慨し，科学を人間化することを懇願しても状況は好転しないだろう。なぜなら近代科学はそもそも人間の五感，感情や価値，倫理に惑わさ

れないことをその存在価値とし，それらに無頓着であることを信条とする。さらに国家や資本は「国益」や資本蓄積を目的として科学を利用し，その目的のためなら個々の人間の安全や健康，命を犠牲とすることも厭わない。そうすると人権のために科学を利用し，その暴力性を統治するのは，生活者としての私たちしかいないように思える。そのためには科学をめぐる政治という闘いの場に，私たちの利害関心を持って参入するしかないのではないか。科学の言語を学び，日常語に翻訳し，科学者を説得し，周りの生活者を説得し，共に戦略を立て，時を狙い，私たちのひとりひとりの人生を守るための闘いを始めるしかないのではないか。

その道は険しい。絶大な権力を持つ国家や資本との競合，敵対関係はもちろんのこと，多くの人たちからも疎まれることになるだろう。「白紙委任」をやめた人々がもたらす不吉な情報は，多くの人を不安にする。何が具体的にどう問題なのかをきちんと理解できなければ，それは科学全体への不信感となり，日常生活に支障をきたす。また型にはまった習慣が継続できなくなれば，他者や世界に対しての，そして自らについての根源的な不安が頭をもたげる（Giddens［1993］）。現代社会で科学知識を疑うことは致命的に非効率的でハイコストで，精神衛生のためにも推奨できない。けれども希望はある。

市民社会の主導により昨年，核兵器禁止条約が成立した。この画期的な条約制定に尽力された核兵器廃絶国際キャンペーン（ICAN）の国際運営委員であり，ピースボートの共同代表の川崎哲会員のスピーチを収録した。川崎会員は平和学，平和研究，そして平和活動に携わるすべての人々の課題として，声を上げる勇気，声を広げる工夫，変革の道筋を示す知恵を持つこと，さらにそれを若い世代に伝える責任を挙げている。勇気がなければ，巨大な権力を敵に回す先の見えない闘いをはじめることはできないだろうし，明確なビジョンとさまざまな障害を乗り越える創造的戦略がなければ協力者を増やすことはできないだろう。しかしおそらくそれらを可能とするのは，個人の資質やおかれた環境以上に，困難に直面しても諦めることなく運動を継続する決意と情熱ではないだろうか。そして川崎会員をはじめとする ICAN の優秀なキャンペーナーたちの場合，その源泉は被爆者の方々の顔と声にあったように思える。受苦者と共にあり，その経験をそれぞれが受け取ることで，その先にどれほどの困難が予測されようとも，立ち上がらざるをえなくなる。受苦者の経験は辛く悲しいだけではない。人間の奥底を照らすような深い経験として私たちの情熱の源となり闘いのエネルギーとビジョンを生み出す。それは本特集への寄稿者の方たちにとっても同様であろう。

市民の数え切れない科学をめぐる闘いの歴史はこれまで敗北の歴史だったかもしれない。そしてこれからも私たちは負け続けるかもしれない。そして科学の暴力はこの世界でさらに広がるかもしれない。けれども数少ないながらも灯された光，与えられた希望をみつめ，受苦者の声を聞き，その顔を見て共に何

度でも立ち上がろうではないか。無駄に見えるような失敗をすべて記録することで次の闘いの糧とし，権力に敗れて打ちひしがれている者を賞賛し私たちが名誉を与え，そして再度先の見えない闘いに，共に一歩踏み出す約束をかわそうではないか。人間のために，私たち一人ひとりの人生のために，生活者が科学の暴力を統治できる日を想い，それぞれの与えられた場で，科学をめぐる政治の闘いに私たちそれぞれのやり方で参加しようではないか。本書を読んでくれた方がそのような闘いに共感し，課題を共有し，平和学会がこれまで以上に互いをエンパワーする場となるなら，これほど嬉しいことはない。

参考文献

Giddens, Anthony 1990 *The Consequence of Modernity*, Cambridge: Polity Press. (松尾精文・小幡正敏訳 [1993], 『近代とはいかなる時代か？ モダニティの帰結』而立書房).

Smith, Mark [1998] *Social Science in Question*. London: Sage Publication.

戸 田　清
湯 浅 正 恵

日本平和学会設立趣意書

　1960年代後半から平和研究の世界各地での制度化の傾向にはいちじるしい進展が見られる。しかし日本においては，未だ制度としての平和学会は存在せず，戦後28年を経てわれわれは，おくればせながら日本の平和研究の立ちおくれについて自覚せざるをえない状況に立ちいたった。世界でユニークな平和外交の展開さるべき日本外交の動きの鈍重さの理由も，ここに一つの原因を発見さるべきであろう。これは日本国内の問題としてのみ提起さるべきではない。むしろ，世界的な問題として提起さるべきであろう。

　われわれは早急にこの立ちおくれを克服し，被爆体験に根ざした戦争被害者としての立場からの普遍的な平和研究を制度化しようと考えている。他方，70年代の日本は今後アジアの小国に対しては，再び加害者の立場に移行する危険性をも示しはじめている。日本平和学会はあくまで戦争被害者としての体験をすてることなく，将来日本が再び戦争加害者になるべきでないという価値にもとづいた科学的，客観的な平和研究を発展させようと考えている。研究は客観的，科学的であるべきであるが，研究の方向づけにおいてけっして道徳的中立性はありえない。

　われわれは行動科学的かつ計量的な研究方法を十分に使用することはもちろんであるが，他方，伝統的な歴史的あるいは哲学的方法の長所もすてることなく育成してゆきたい。多様な研究方法を統合して長期的な平和の条件を確立するために役立つ真に科学的，客観的な戦争と平和に関する研究を促進，発展させることが本学会設立の真のねらいである。

　われわれは研究成果が現存制度によって利用されることを望む。しかし他方，われわれは決して単なる政策科学にとどまることに同意しない。現存制度による知識の悪用に対しては絶えざる批判を続けるいわゆる批判科学をも発展させたいと考えている。

1973年 9 月

（注）

本設立趣意書第2段にある「アジアの小国」について，趣意書が書かれた時点の意図は判明しないが，現在の観点からすると誤解を招きかねず，適切とはいえない表現であると判断する。しかし，本趣意書の歴史的文言としての性格に鑑みて，

趣意書そのものを書き改めるわけにはいかないと判断し，原文のままとして，本注記を付すこととした。日本平和学会は，日本が大国であると考えるわけでも，アジアの国々を大国，小国と区分けしようとする意図があるわけでもないことをお断りしておく。 (2004年11月6日，第16期理事会)

日本平和学会第22期役員 (2016年1月1日〜2017年12月31日)

【執行部】

会　　　長　君島東彦		副　会　長　竹中千春　黒田俊郎	
企画委員長　清水奈名子		編集委員長　小林誠	
広報委員長　米川正子		国際交流委員長　松野明久	
学会賞選考委員長　石田淳		平和教育プロジェクト委員長　暉峻僚三	

「3・11」プロジェクト委員長　蓮井誠一郎

事務局長　奥本京子

【理事】＊は地区研究会代表者

［北海道・東北］＊小田博志　片野淳彦　鴫原敦子

［関東］　阿部浩己　石田淳　＊内海愛子　遠藤誠治　勝俣誠　川崎哲　小林誠　篠田英朗　清水奈名子　高原孝生　竹中千春　竹峰誠一郎　暉峻僚三　浪岡新太郎　蓮井誠一郎　平井朗　堀芳枝　古沢希代子　毛利聡子　最上敏樹　横山正樹　米川正子

［中部・北陸］　黒田俊郎　＊佐伯奈津子　佐々木寛　高橋博子

［関西］　ロニー・アレキサンダー　内田みどり　奥本京子　＊木戸衛一　君島東彦　土佐弘之　原田太津男　松野明久　峯陽一　山根和代

［中国・四国］　＊石井一也　佐渡紀子

［九州］　近江美保　＊木村朗

［沖縄］　＊里井洋一　若林千代

【監事】　石川捷治　大津留（北川）智恵子

【委員会】　＊は委員長

［企画委員会］　麻生多聞　上村雄彦　小川玲子　小林誠　芝崎厚士　＊清水奈名子　杉木明子　浪岡新太郎　二村まどか　松元雅和　峯陽一　毛利聡子

［編集委員会］　青井美帆　臼杵陽　＊小林誠　佐藤壮広　芝崎厚士　鈴木規夫　戸田清　柳原伸洋　湯浅正恵　渡辺守雄

［広報委員会］　秋山肇　阿部浩己　石井正子　荻村哲朗　木村朗　クロス京子
　　　　　　　　鈴木真奈美　勅使川原香世子　＊米川正子
［国際交流委員会］　清末愛砂　佐々木寛　長谷部貴俊　古沢希代子　＊松野明久
　　　　　　　　　若林千代
［学会賞選考委員会］　＊石田淳　吉川元　島袋純　堀芳枝　毛利聡子　最上敏樹
［平和教育プロジェクト委員会］　ロニー・アレキサンダー　奥本京子　杉田明宏
　　　　　　　　　　　　　　　鈴木晶　高部優子　竹中千春　＊暉峻僚三
　　　　　　　　　　　　　　　福島在行　堀芳枝　松井ケティ　山根和代
［「3・11」プロジェクト委員会］　藍原寛子　鴫原敦子　高橋博子　竹峰誠一郎
　　　　　　　　　　　　　　　徳永恵美香　＊蓮井誠一郎　平井朗

日本平和学会会則

第1条　本会の名称は日本平和学会（The Peace Studies Association of Japan [PSAJ]）とする。

第2条　本会は国家間紛争に焦点をおき，これに関連したあらゆる紛争の諸原因と平和の諸条件に関する科学的研究を行い，関連諸領域の学問的発展に資することを目的とする。

第3条　本会は次の活動を行う。

(1)　研究会および講演会の開催

(2)　会員の研究成果の刊行

(3)　内外の学会その他関連諸機関との連絡および学者間の交流

(4)　その他本会の目的を達成するに必要かつ適当と思われる諸活動

第4条　本会への入会は会員2名の推薦を要し，理事会の議を経て総会の承認を得なければならない。また，在外会員（留学生は除く）については，しかるべき研究機関の推薦状によって会員2名の推薦に代替させることができる。ただし，本会の研究成果が戦争目的に利用されるおそれのある機関あるいは団体に属するものは原則として入会できない。

第5条　会員は本会の刊行物の配布を受け，各種の会合に出席することができ，完全な投票権行使の権利と役員になる権利を持つ。

第6条　退会を希望する会員は会長宛てに退会届を提出し，事務局（業務委託先）に退会届が到着した日付をもって，退会したものとする。既納の会費は事由の如何を問わず，これを返還しない。

第7条　会員は所定の会費を納める。2年以上にわたって会費を納めない者は原則として会員たる資格を失う。

第8条　会員は退会する場合，会費未納につき会員たる資格を失う場合のいずれも，未納会費を清算する。

第9条　会員としての権利の濫用がなされた場合，また平和学会の目的に反する活動を主宰あるいはこれに参加した場合は，一定の手続きを経たうえで，本会から除名されることがある。

第10条　通常総会は毎年1回，臨時総会は必要に応じ理事会の議を経て，会長

が招集する。

第11条　総会の決議は出席した会員の過半数による。ただし，会則の変更は出席した会員の3分の2以上の同意をもってこれを決定する。

第12条　本会に理事を若干名おく。

第13条　理事は会員の投票に基づき，総会において選出される。理事は理事会を構成し，学会の業務を管掌する。理事の任期は2年とし，再選を妨げない。

第13条の2

(1)　理事会の定足数は，出席者および委任状提出者を併せ，理事の過半数とする。

(2)　理事会の決議は，出席者および委任状提出者合計の過半数の賛成をもって成立する，ただし，会則の変更その他理事会自らが指定した重要事項については，同三分の二以上の賛成によるものとする。

(3)　特に必要と認める場合，理事会は，単純多数決で行う別の決議により，理事会決議の成立を出席しかつ投票する者の三分の二以上の賛成にかからしめることができる。この場合，定足数は，理事の過半数の出席とする。

第14条　会長は理事の中から互選される。会長は本会を代表し，その業務を統轄する。会長の任期は2年とする。

第15条　会長は理事の中から副会長および他の役員を指名できる。副会長は会長を補佐し，かつ会長がその職務を執行できない場合には，会長の職務を代行する。副会長の任期は2年とする。

第16条　本会に賛助会員を置くことができる。賛助会員については別に定める。

第17条　本会に名誉会員を置くことができる。名誉会員については別に定める。

第18条　本会の会費は年10,000円とする。ただし，学生会費は年5,000円とする。

第19条　会計年度は4月1日から翌年3月31日までとする。

第20条　本会に事務局を置く。事務局の所在は別に定める。

付則

1．この会則は1973年9月10日より実施する。

2．この会則は1979年11月24日より実施する。

3．この会則は1988年6月5日より実施する。

4．この会則は1990年11月24日より実施する。

5．この会則は1991年11月9日より実施する。

6．この会則は1993年11月14日より実施する。

7．この会則は1994年11月21日より実施する。

8．この会則は1996年6月15日より実施する。

9．この会則は2001年6月2日より実施する。

10．この会則は2004年11月6日より実施する。

11．この会則は2010年11月6日より実施する。

12．この会則は2017年11月25日より実施する。

倫理綱領

(1) 会員はすべて平和に資する研究を行う。

(2) 会員はすべて研究に際して社会的責任を自覚する。

(3) 会員はすべて軍事化に加担しない。

再入会に関する規則

（目的）

第1条　この規則は，日本平和学会会則（以下「会則」という）第4条に基づき，日本平和学会（以下「本会」という）への再入会について必要な事項を定めるものとする。

（再入会手続き）

第2条　本会への再入会希望者は，会員2名の推薦を得て所定の再入会申込書を提出し，理事会の議を経た後，総会の承認を得なければならない。

（滞納会費）

第3条　会則第7条に基づき会費を滞納して会員たる資格を失った者が再入会を希望する場合は，再入会の際，1年分の会費を納入することとする。なお納入する会費額は，再入会時点での会費額とする。

（補則）

第4条　この規則の実施に関し必要な事項は，理事会の決定に従い，会長が別

に定めるものとする。

（改正）

第5条　この規則は，必要と認めた場合，理事会の決議により改正することが
　　　　できる。

附則

この規則は，2015年11月28日より実施する。

理事会電子メール審議規程

第1条　この規程は，日本平和学会会則第11条（理事会の構成と任務）および
　　　　第11条の2（理事会の定足数と決議）を補うものとして定められる。

第2条　理事会は，迅速な対応を求められる重要な案件について決議を成立さ
　　　　せるために，電子メール審議を行うことができる。電子メール審議は，
　　　　全理事を網羅している理事会メーリングリストを利用して行うものと
　　　　する。

第3条　電子メール審議は，重要な案件について緊急に必要な場合に限るもの
　　　　とし，電子メール審議の案件を提案できるのは会長のみとする。

第4条　提案の電子メールが発信されてから1週間程度を審議期間とする。

第5条

　　(1)　電子メールの発信内容は，受信者にとってわかりやすい表示およ
　　　　び内容とする。

　　(2)　タイトル欄の冒頭に【日本平和学会理事会電子メール審議 mm/
　　　　dd まで】と表示する。

　　(3)　審議案件は明確な表現にて下記を簡潔にまとめる。

　　　・審議案件

　　　・審議依頼内容

　　　・賛否回答の要請（依頼は賛成，反対を明確に表明できる構成とす
　　　　る。）

　　　・回答期限（期日・時間を明確にする。）

第6条　審議内容に意見がある場合は，審議参加者全員宛に意見を送る。

第7条　回答期限までに，理事総数の3分の1以上の理事が異議を表明しない

場合，その提案は承認されたものとし，理事会の決議として成立する。

第8条　電子メール審議のプロセスで，提案に修正を求める意見が表明された場合，会長は当初の提案を修正して再提案することができる。その後のプロセスも上記第4条から第7条の規定にしたがう。

第9条　電子メール審議にかかわるメールは，学会事務局が保管する。

第10条　成立した決議の内容は，会長が次の理事会で報告する。

附則　この規程は，2016年3月20日より実施する。

賛助会員に関する規則

（目的）

第1条　この規則は，日本平和学会会則（以下「会則」という）第14条に基づき，日本平和学会（以下「本会」という）の賛助会員について必要な事項を定めるものとする。

（賛助会員の定義）

第2条　賛助会員とは，本会の目的及び活動に賛同する法人又は団体とする。

第2条の2　賛助会員は，本会における投票権行使の権利と役員になる権利を持たない。

（入会手続き）

第3条　賛助会員になろうとする者は，理事1名を含む会員2名の推薦を得て所定の入会申込書を提出し，理事会の議を経た後，総会の承認を得なければならない。

（会費）

第4条　賛助会員は次の会費（年額）を納入しなければならない。

第4条の2　賛助会員の会費は1口30,000円（年額）とする。

（賛助会員の特典）

第5条　賛助会員は次の特典を享受することができる。

　(1)　本会が刊行する学会誌の配布（各号1冊）を受けること。

　(2)　本会が発行するその他の刊行物の配布を無料で受けること。

　(3)　研究大会及び研究集会において報告を行い，又は学会誌に投稿すること。

(4)　研究大会及び研究集会の懇親会に2名まで無料で参加すること。

(5)　本会の行う各種の行事に参加すること。

（退会）

第6条　賛助会員は所定の退会届を会長に提出することにより，いつでも退会することができる。

第6条の2　2年以上にわたって会費を納めないものは，原則として賛助会員たる資格を失う。

第6条の3　第1項の場合，既納の会費は事由の如何を問わず，これを返還しないものとする。

（補則）

第7条　この規則の実施に関し必要な事項は，理事会の決定に従い，会長が別に定めるものとする。

（改正）

第8条　この規則は，必要と認めた場合，理事会の決議により改正することができる。

附則

この規則は，2015年7月18日より実施する。

名誉会員規定

(1)　理事会は，理事を20年以上務めるなど本学会に多大の貢献のあった70才以上の会員を，本人の同意を得て，名誉会員とすることができる。理事会は，これを総会に報告する。

(2)　名誉会員は会費納入義務を負うことなく会員の資格を継続するが，理事選挙における選挙権および被選挙権ならびに総会における議決権を有さない。

日本平和学会

会長　君島東彦
事務局
　540-0004 大阪市中央区玉造2-26-54
　大阪女学院大学国際・英語学部　奥本研究室
　E-mail: office@psaj.org
　http://www.psaj.org/

科学技術の暴力 ［平和研究　第48号］

2018年3月30日　初版第1刷発行

　　　　編　者　日 本 平 和 学 会
　　　　発行者　大　野　髙　裕
　　　　発行所　株式会社 早稲田大学出版部
　　　　　　　　169-0051 東京都新宿区西早稲田1-9-12
　　　　　　　　☎03-3203-1551
　　　　　　　　http://www.waseda-up.co.jp/
　　　　編集協力　有限会社アジール・プロダクション
　　　　印刷・製本　精文堂印刷株式会社

Ⓒ 2018　日本平和学会　　　　　　　　Printed in Japan
　　　　ISBN978-4-657-18004-9
　　　　ISSN（国際標準逐次刊行物番号）0385-0749

平和研究バックナンバー

第1号　特集＝平和研究の方法／第2号　特集1＝平和価値，特集2＝平和教育／第3号　特集＝日本国憲法―国内体制と平和／第4号　特集1＝平和運動の理論と行動，特集2＝国連軍縮特別総会，特集3＝世界秩序の諸問題／第5号　特集1＝現代日本の平和保障，特集2＝現代日本の平和教育／第6号　特集1＝国際紛争の構造と解決，特集2＝アジア平和研究国際会議／第7号　特集1＝生活様式と平和，特集2＝平和教育学への展望，特集3＝非軍事化の探究／第8号　特集＝新国際軍事秩序を解剖する／第9号　特集1＝戦後史におけるヒロシマ・ナガサキ，特集2＝アジアの平和秩序のために，特集3＝平和研究の現段階と平和学の課題／第10号　特集1＝日本の"平和保障"を求めて，特集2＝平和と地域―アフリカの飢えと国際政治／第11号　特集1＝日本型管理社会と労働，特集2＝核時代の平和と第三世界，特集3＝アパルトヘイト／第12号　特集＝エスニシティ問題／第13号　特集1＝日本のODAを考える，特集2＝戦争体験から核軍縮へ／第14号　特集1＝言語政治学と平和の課題，特集2＝天皇・軍隊・戦争／第15号　特集＝科学と平和／第16号　特集＝グローバルデモクラシー／第17号　特集＝自治体の平和外交／第18号　特集＝冷戦後の平和研究／第19号　特集＝Peaceful Change―平和的改革へ／第20号　特集＝21世紀へのオールタナティブ―平和秩序を求めて／第21号　特集＝「持続可能な発展」と日本の選択／第22号　特集＝地球市民社会の安全保障―冷戦後平和秩序の条件／第23号　特集＝再び自律と平和―沖縄が提起する問題／第24号　特集＝いま日本の「国際貢献」を問う／第25号　特集＝20世紀の戦争と平和／第26号　特集＝新世紀の平和研究／第27号　特集＝「人間の安全保障」論の再検討／第28号　世界政府の展望／第29号　芸術と平和／第30号　人道支援と平和構築（3200円）／第31号　グローバル化と社会的「弱者」（3200円）／第32号　スピリチュアリティと平和（3200円）／第33号　国際機構と平和（3200円）／第34号　アジアにおける人権と平和（3200円）／第35号　「核なき世界」に向けて（3200円）／第36号　グローバルな倫理（2200円）／第37号　世界で最も貧しくあるということ（2200円）／第38号　体制移行期の人権回復と正義（2200円）／第39号　平和を再定義する（2200円）／第40号　「3・11」後の平和学（2200円）／第41号　戦争と平和の法的構想（2200円）／第42号　平和の主体論（2200円）／第43号　「安全保障」を問い直す（2200円）／第44号　地域・草の根から生まれる平和（2200円）／第45号　「積極的平和」とは何か（2200円）／第46号　東アジアの平和の再創造（2200円）／第47号　脱植民地化のための平和学（2200円）

早稲田大学出版部刊（表示価格は本体価格。第1号～第29号は品切れ）